中央西線

1960年代～90年代の思い出アルバム

山田 亮

古虎渓駅に到着した、クハ79を先頭にしたモハ72系の名古屋行き普通電車。1972 (昭和47) 年に首都圏で使われていた4ドアロングシートの通勤型モハ72系を横須賀線色にして、中央本線名古屋口に投入した。ラッシュ時を中心に運行されたが、1977～78年に103系に置き換えられた。
◎1975 (昭和50) 年6月　撮影：野口昭雄

.....Contents

1章 名古屋〜中津川 7

2章 中津川〜塩尻 63

3章 塩尻〜長野 137
（篠ノ井線、信越本線）

中央西線の年表 4

【コラム】
夜行列車「ちくま」「きそ」................................ 97
中央西線の名列車「赤倉」................................ 97
木曾森林鉄道の思い出 100
中央西線の名列車「しなの」................................ 111

新たに建設された高架線を行く181系ディーゼル特急下り「しなの」が鳥居峠への登りにかかる。500馬力エンジンを装備したキハ181系は勾配の続く中央西線、篠ノ井線でその威力を発揮した。
◎藪原〜奈良井　撮影：田中義人

中央西線の年表

1889(明治22)年8月	伊原五郎兵衛(長野県飯田の漆器商)ら15人が、飯田出身の官僚中川元に、名古屋〜飯田〜上伊那間の鉄道路線の仮測量を建議する。
1892(明治25)年6月21日	鉄道敷設法が公布され、八王子から本州中央部を通り名古屋に至る「中央線」が第1期線に指定される。
1893(明治26)年2月6日	中央線の経由地が、八王子〜甲府〜諏訪〜塩尻〜木曾〜中津川〜名古屋に決定する。
1900(明治33)年7月25日	官設鉄道中央線(中央西線)名古屋〜多治見間が開業する。
1902(明治35)年12月21日	多治見〜中津(現・中津川)間が延伸開業する。
1908(明治41)年8月1日	中津〜坂下間が延伸開業する。
1909(明治42)年7月15日	坂下〜三留野(現・南木曾)間が延伸開業する。
1909(明治42)年9月1日	三留野〜野尻間が延伸開業する。
1909(明治42)年12月1日	塩尻〜奈良井間、野尻〜須原間が延伸開業する。
1910(明治43)年10月5日	奈良井〜藪原間、須原〜上松間が延伸開業する。
1910(明治43)年11月25日	藪原〜宮ノ越間、上松〜木曾福島間が延伸開業する。
1911(明治44)年5月1日	宮ノ越〜木曾福島間の延伸開業により、中央西線が全通。中央西線と中央東線を統合し、昌平橋〜塩尻〜名古屋間を中央本線とする。塩尻〜篠ノ井間を篠ノ井線として分離。
1916(大正5)年11月15日	列車の速度が向上し、飯田町〜名古屋間が57分短縮して16時間42分になる。
1933(昭和8)年9月15日	名古屋〜多治見間で気動車5往復の運転を開始する。
1947(昭和22)年6月21日	ダイヤ改定により名古屋〜長野間で中央西線初の優等列車となる準急の運転を開始する。
1953(昭和28)年11月11日	名古屋〜長野間の不定期準急を定期準急「しなの」に格上げする。
1954(昭和29)年1月20日	名古屋〜多治見間で気動車列車の運転を開始する。
1959(昭和34)年9月22日	名古屋〜長野間運行の夜行準急を「きそ」と名付ける。
1959(昭和34)年12月13日	名古屋〜長野間で気動車急行「しなの」が運転を開始する。
1960(昭和35)年10月1日	木曾谷の森林鉄道で蒸気機関車が全廃され、ディーゼル機関車に置き換えられる。
1961(昭和36)年10月1日	名古屋〜長野間に急行「信州」「あずみ」を新設する。
1962(昭和37)年12月1日	名古屋〜長野〜新潟間で急行「赤倉」が運転を開始する。
1963(昭和38)年10月1日	急行「信州」が「しなの」に統合される。
1966(昭和41)年7月1日	名古屋〜瑞浪間の電化が完成。名古屋駅中央本線ホームで祝賀電車の出発式を開催する。
1968(昭和43)年8月23日	電車の運転区間を名古屋〜中津川間に延長する。
1968(昭和43)年10月1日	名古屋〜長野間で気動車特急「しなの」がキハ181系を使用し運転を開始する。
1971(昭和46)年4月26日	名古屋〜中津川間で快速電車の運転を開始する。
1973(昭和48)年1月30日	名古屋〜釜戸間で381系自然振り子式電車の試運転を開始する。
1973(昭和48)年5月27日	中津川〜塩尻間が電化し、中央西線の全線電化が完成する。

1973(昭和48)年7月10日	名古屋～長野間で振り子式の381系を使用した特急「しなの」が運転を開始する。
1975(昭和50)年2月21日	名古屋～長野間の気動車特急「しなの」2往復が381系電車に置き換えられる。
1975(昭和50)年3月31日	木曾谷最大の森林鉄道だった王滝森林鉄道が廃止される。
1982(昭和57)年5月17日	塩尻駅が移転し、中央西線のスイッチバックが解消する。
1984(昭和59)年2月1日	通勤時の輸送力増強のため、名古屋～高蔵寺間で15～20分間隔のダイヤとなる。
1985(昭和60)年3月14日	名古屋～長野間の急行「きそ」が廃止される。
1989(平成元)年7月9日	中央線のみが停車していた金山駅が改築され、東海道本線ホームが開業。名古屋鉄道、地下鉄との連絡を図る総合駅となる。
1996(平成8)年12月1日	名古屋～長野間特急「しなの」に383系を投入し、「ワイドビューしなの」となる。
1999(平成11)年12月4日	名古屋～中津川間で快速「セントラルライナー」が運転を開始する。
2005(平成17)年3月1日	名古屋～高蔵寺～万博八草(現・八草)間で「エキスポシャトル」が9月30日まで運転される。
2006(平成18)年9月	勝川駅付近下り線が高架化。
2006(平成18)年11月25日	中津川～名古屋駅間でICカード「TOICA」が導入される。
2008(平成20)年5月	JR東海所属の381系電車の営業運転が終了する。
2013(平成25)年3月	「セントラルライナー」が廃止される。
2014(平成26)年7月9日	集中豪富の影響で南木曾～十二兼間の橋りょうの橋桁が流出して中津川～上松間が不通となる。8月6日までに順次復旧して全線運転再開。
2016(平成28)年3月	特急「(ワイドビュー)しなの」の大阪駅乗り入れが廃止され、「(ワイドビュー)しなの」の定期列車はすべて名古屋～長野間の運転となる。
2018(平成30)年3月	JR東海管轄区間でラインカラー及び木曾福島～名古屋間で駅ナンバリングが導入される。

東と西の中央本線

　中央本線は東京～名古屋間を塩尻経由で結び、東京(新宿)～塩尻間が中央東線、塩尻～名古屋間が中央西線と呼ばれることがあるが、東京でも名古屋でも一般に「中央線」と呼ばれる。東京で中央線といえば八王子、高尾方面への電車であり、松本行き特急「あずさ」、甲府行き特急「かいじ」である。名古屋では中央線は高蔵寺・多治見方面への電車であり、長野行き特急「しなの」であるが、東京、新宿からもまた名古屋からも発車する電車はいずれも「下り」である。

　本稿では中央本線のうち名古屋～塩尻～長野間を取り上げる。線名は厳密にいえば名古屋から塩尻が中央本線、塩尻から松本を通って篠ノ井までが篠ノ井線、篠ノ井から長野までは信越本線である。本稿では名古屋～塩尻間を中央西線、塩尻～長野間を篠ノ井線とするが、文中では単に中央線と記すこともある。

はじめに

　中央本線は東京と名古屋を甲府、塩尻経由で結ぶ幹線である。明治初期、新政府により新首都東京と京都、大阪を結ぶ幹線が計画された際、最初は中山道沿いの路線が考えられた。だが碓氷峠をはじめ峠が多く難工事が予想されたため、1884（明治17）年に東海道沿いにルートが変更された。

　明治時代中期に中部山地を経由し東京と名古屋を結ぶ鉄道が計画された。当時の重要な輸出品である生糸を諏訪、岡谷付近の製糸工場から東京、横浜へ輸送することも目的のひとつだった。すでに甲武鉄道により八王子までは1889（明治22）年に開通していたため、八王子および名古屋から建設が始まり1911（明治44）年5月に最後の宮ノ越～木曾福島間が開通して中央東西線が全通し中央本線となった。

　本書で取り上げるのは中央西線および篠ノ井線、信越本線の名古屋～長野間である。島崎藤村が「木曾路はすべて山の中」と表現したように、木曾川沿いの急峻な渓谷地帯を走り抜ける。松本付近からの北アルプスの眺め、姨捨付近での善光寺平の展望も捨てがたい。秀逸な車窓風景のなか、特急「しなの」は急カーブ、急勾配をものともせずに高速で走り抜ける。目まぐるしく移り変わる車窓の豊かさはそれ自体が観光資源である。

　一方、沿線には旧中山道の宿場町や現存12天守のひとつ松本城はじめ観光スポットも豊富だ。木曾森林地帯を森林鉄道の跡を眺めながら散策してもいいだろう。高架線から眺める名古屋市内も広大な公園、広い道路と首都圏とはまた違った大都市の姿である。

　現在は新幹線中心の時代だが、新幹線はトンネルが多く車窓風景は期待できない。だが中央西線、篠ノ井線の車窓は在来線で旅する楽しさを十分に味わうことができる。

　中央西線、篠ノ井線はかつてSL（蒸気機関車）が活躍し、本書はその時代の写真も多数掲載している。D51から383系特急電車まで、この半世紀の移り変わりを本書で楽しく回想していただければ幸いである。

　　　　　　　　　　　　　　　　　　　　　　　　　　　2019年1月　山田 亮

1章
名古屋～中津川

大曽根～新守山の大カーブを走るスカイブルーの103系10両編成。中央本線名古屋口の「助っ人」として1977（昭和52）年に京浜東北線から103系が転入し、ラッシュ時を中心に運行された。国鉄時代は京浜東北線のスカイブルー色のままだった。遠方に見える煙突は王子製紙の春日井工場。◎1980（昭和55）年3月16日　撮影：寺澤秀樹

1章

名古屋〜中津川

大都市から渓谷を抜けて田園へ目まぐるしく変わる車窓

中央本線の西の起点名古屋駅

　わが国三大都市圏のひとつである名古屋の代表駅・名古屋駅。東海道新幹線の要衝であり、中央本線、関西本線の始発駅である。名鉄（名古屋鉄道）、近鉄（近畿日本鉄道）への乗換駅でもあり、愛知、岐阜、三重県内各地や伊勢志摩への玄関口でもある。名古屋市営地下鉄や第三セクター「あおなみ線」も乗り入れている。1日の乗降客はJRだけで約40万人を数える。

　かつての名古屋駅は1937（昭和12）年に建築され、当時「東洋一の駅」といわれた鉄筋5階建ての駅舎で名古屋鉄道管理局庁舎を兼ねていた。正面の大時計や東西自由通路が長年親しまれていたが、1994（平成6）年に取り壊され、1999（平成11）年12月にJRセントラルタワーズが桜通口（正面口）に開業した。オフィスタワー（高さ245m、駅ビルとしては世界一）、ホテルタワー、デパート（JR名古屋タカシマヤ）からなっている。

　この開業と同時に名古屋〜中津川間に快速「セントラルライナー」が313系8000番台で登場した。乗車整理券（310円）を必要としたため「銭（ぜに）取られるライナー」と揶揄されたが、2013（平成25）年3月に運転を終了し快速に統合された。

　長らく名古屋の商業中心地は栄（さかえ）だったが、JRセントラルタワーズの出現を機に名古屋駅を中心とする名駅（めいえき）地区が新たな商業中心地になり、駅周辺に高層ビルが続々出現している。リニア中央新幹線（2027年開業予定）の名古屋駅地下乗り入れもその動きを加速しよう。

　名古屋駅の中央線ホームは普通、快速電車が7、8番線（一部10、11番線）、特急「しなの」は10番線である。名古屋駅は駅舎が高層ビルになったが、ホーム屋根や階段、連絡通路には1937年建築時の面影が残っている。ホーム南端（金山方）にある「きしめん」スタンドはいつも香ばしい麺つゆのニオイが漂い、食欲をそそられる。

名古屋市内をぐるっと回って郊外へ

　中央線は名古屋から南に向かって新幹線と東海道線と並んで発車する。最初は新幹線と東海道線の間を走るが、新幹線が南へ別れてほどなく東海道線、名鉄の下をくぐり、金山に到着する。金山はホームが4本並ぶが、中央線と東海道線のホームの間に名鉄のホーム2本が挟まる。JRのホーム間に民鉄のホームが挟まる駅は珍しい。以前は中央線だけの駅で、名鉄は約300メートル離れて金山橋駅があり、東海道線には駅がなかった。市営地下鉄も通っていることからここを「総合駅」とすることになり、1989（平成元）年7月、東海道線に駅を設置し、名鉄も駅を移転して新しい金山駅が開業した。今では中部国際空港の玄関でもある。

　名古屋市内の中央線は中心部を避け、いったん南下してから北東の木曾方面へ向かう。名古屋市内は高架線または掘割で、鶴舞付近では東側の広大な鶴舞公園を高架線から見下ろせる。千種は掘割の中にある民鉄風の駅だが、地下鉄乗り換えで中心部へ出られるため特急も停車する。

　ここには全国展開する大手予備校の本部があり、付近は予備校や塾の看板が目立つ。堀割が続いたのち大曽根でようやく地上へ。名鉄瀬戸線の高架駅が西側にあり、東側には名古屋ガイドウエイバスのターミナルと専用道路が見える。2005（平成17）年「愛・地球博」を機に開業した磁気浮上式鉄道「リニモ」（愛知高速交通東部丘陵線、藤が丘〜八草間）とあわせ、名古屋周辺には技術の先端を行く斬新な交通機関がある。

　新守山〜勝川間で名古屋を代表する河川である庄内川を渡るが、ここまで来ると戸建て住宅が多く郊外の風情になる。勝川には東海交通事業城北線の高架駅があり、キハ11型ディーゼル車が発着。この線は高架線から眺めがよく展望列車のようだとの評もある。

　春日井、神領付近も郊外の住宅地だが、田園も点在し愛知、岐阜県境に位置する低い山々も見えてくる。春日井〜神領間にJR東海神領車両区があり、383系、313系、211系が並んでいる。この車両基地は1968（昭和43）年10月に神領電車区として開設され、配置区の略号は「名シン」である。

　次の高蔵寺は1970〜80年代にかけて開発された

高蔵寺ニュータウンの入口。多摩、千里とならぶ三大ニュータウンともいわれるが、駅前に広がっているわけでなく、やや距離があるようだ。中央西線の電化は大都市近郊としては遅く、1966（昭和41）年7月に名古屋〜瑞浪間が電化され、1968年10月に中津川まで電化が延長された。塩尻までの全線電化は1973（昭和48）年7月である。中央西線の電化が名古屋郊外の春日井市（勝川から高蔵寺までが春日井市）などの宅地化を促したともいえよう。高蔵寺の先で愛知環状鉄道の高架線が分岐し、丘陵地帯に消えてゆく。

渓谷地帯を抜けて岐阜県へ

高蔵寺を出ると愛知、岐阜県境にさしかかる。濃尾平野から多治見盆地への山越え区間でトンネルが連続し、その合間には渓谷が展開する。定光寺は庄内川の上流である玉野川沿いにあり、次の古虎渓は県境を越えるので土岐川と名が変わる。名古屋から30kmほどの駅周辺にこのような渓谷地帯があり、自然が身近にあるのが名古屋らしいといえよう。都会のオアシスでハイキングや付近を散策する客が目立つ。

定光寺〜古虎渓〜多治見間は複線化に際し、定光寺〜古虎渓間には愛岐トンネル（2910メートル）、古虎渓〜多治見間にもトンネルが建設され、新線に切り替えられた。渓谷沿い旧線のトンネル群は2009（平成21）年に近代化産業遺産に選定された。

トンネルを抜けるとここは岐阜県東濃地方。美濃太田からの太多線と合流し、多治見盆地の中心多治見へ。このあたりは東濃窯業地帯とも呼ばれ、美濃焼など陶器の産地である。この付近にはかつては小私鉄があり、多治見からは窯業製品輸送のための東濃鉄道笠原線（1978／昭和53年廃止）、次の土岐市からは東濃鉄道駄知線（1974／昭和49年廃止）が分岐していた。

中津川までは平坦線と思いきや、土岐川沿いの山あいの景色が展開し、東側には恵那山が眺められ、北側には中央自動車道が平行している。複線化に際し瑞浪〜釜戸間は新線が建設され、武並〜恵那間は別線線増で下り線はトンネルを建設して新線に切り替えられている。恵那で第三セクター明知鉄道が分かれすぐに勾配を登り始める。

美乃坂本は中津川市に属し、駅西側でリニア中央新幹線と交差し接続駅となることが決まっているが、周辺は田畑が広がり工事は始まっておらず「リニア駅決定」を示す看板も見られない。

【駅データ】

駅名	所在地	キロ程	開業年	乗車人員
名古屋駅	愛知県名古屋市中村区名駅1-1-4	0.0km（名古屋起点）	1886（明治19）年5月1日	216,040人（2017年）
金山駅	愛知県名古屋市中区金山1-17-18	3.3km（名古屋起点）	1962（昭和37）年1月25日	69,010人（2017年）
鶴舞駅	愛知県名古屋市中区千代田5-23-24	5.6km（名古屋起点）	1937（昭和12）年4月21日	19,989人（2016年）
千種駅	愛知県名古屋市千種区内山3-24-8	7.1km（名古屋起点）	1900（明治33）年7月25日	28,701人（2016年）
大曽根駅	愛知県名古屋市東区東大曽根町46-6	9.8km（名古屋起点）	1911（明治44）年4月9日	30,686人（2016年）
新守山駅	愛知県名古屋市守山区新守町268	12.3km（名古屋起点）	1964（昭和39）年4月1日	8,053人（2016年）
勝川駅	愛知県春日井市松新町6-1	15.0km（名古屋起点）	1900（明治33）年7月25日	17,330人（2016年）
春日井駅	愛知県春日井市上条町1-5162	18.1km（名古屋起点）	1927（昭和2）年12月16日	15,713人（2016年）
神領駅	愛知県春日井市神領町571	20.8km（名古屋起点）	1951（昭和26）年12月15日	13,313人（2016年）
高蔵寺駅	愛知県春日井市高蔵寺町3-654-1	24.0km（名古屋起点）	1900（明治33）年7月25日	20,072人（2016年）
定光寺駅	愛知県春日井市玉野町	28.1km（名古屋起点）	1924（大正13）年1月1日	139人（2016年）
古虎渓駅	岐阜県多治見市諏訪町神田	31.6km（名古屋起点）	1952（昭和27）年4月1日	498人（2016年）
多治見駅	岐阜県多治見市音羽町2	36.2km（名古屋起点）	1900（明治33）年7月25日	13,834人（2016年）
土岐市駅	岐阜県土岐市泉町久尻572-3	43.2km（名古屋起点）	1902（明治35）年12月21日	5,227人（2016年）
瑞浪駅	岐阜県瑞浪市寺河戸町1171-2	50.1km（名古屋起点）	1902（明治35）年12月21日	4,729人（2016年）
釜戸駅	岐阜県瑞浪市釜戸町東大島	57.5km（名古屋起点）	1902（明治35）年12月21日	293人（2016年）
武並駅	岐阜県恵那市武並町竹折	62.9km（名古屋起点）	1926（大正15）年4月1日	909人（2016年）
恵那駅	岐阜県恵那市大井町296-2	68.3km（名古屋起点）	1902（明治35）年12月21日	3,183人（2016年）
美乃坂本駅	岐阜県中津川市千旦林坂本	73.5km（名古屋起点）	1917（大正6）年11月25日	1,337人（2016年）

1章 名古屋〜中津川

1974(昭和49)年の名古屋駅の空撮。この名古屋駅は1937(昭和12)年の建築で、当時「東洋一の駅」といわれた。写真右上は名古屋ターミナルビルで、松坂屋名古屋店が1974(昭和49)年11月から2010(平成22)年8月まで営業していた。高層部分は国鉄系の名古屋ターミナルホテル。写真の左は名鉄百貨店。◎1974年11月19日　提供：朝日新聞社

1975（昭和50）年の中央本線金山駅付近の空撮。東海道、中央、名鉄の3線が合流する金山付近に総合駅を造る構想はかなり前からあり、1962（昭和37）年に中央本線に駅ができた。東海道本線との間には名鉄が走り、写真右側の先に名鉄金山橋駅がある。1989（平成元）年7月に東海道、中央、名鉄の金山総合駅ができた。
◎1975（昭和50）年10月　提供：朝日新聞社

1968(昭和43)年10月1日、「よんさんとう」といわれた全国ダイヤ改正の初日、名古屋駅11番線で行われた中央西線初の特急「しなの」の発車式(テープカット)。ホーム反対側の10番線には旧型客車が止まる。◎1968(昭和43)年10月1日　提供：朝日新聞社

名古屋駅7番線に停車中する中央西線のディーゼル普通列車。電化前の中央西線名古屋口は、D51牽引客車列車のほか、ディーゼル普通列車が名古屋～多治見間などに運転された。ロングシートのキハ35と、クロスシートだが車体幅が狭く居住性に劣るキハ17系の混成だった。写真左には当時の東海道本線普通電車の主力である80系湘南型電車が見える。◎1965(昭和40)年頃　撮影：清水武

1章 名古屋～中津川

キハ91で編成された急行「きそ」、名古屋駅6番線に停車。ホーム時計は9時22分を指しているので、9時30分発の「きそ4号」松本行きであろう。キハ91は1966～67年に試作された新系列ディーゼル車で500馬力エンジンを装備し、中央西線の急行として運行された。5両編成で後ろから2両目がグリーン車のキサロ90（エンジンなし）である。◎1973（昭和48）年　撮影：長渡朗

名古屋駅7番線に停車中の中央西線103系。正面行先表示には「中央線」のステッカーが掲示され、側面には行先札を入れる枠（いわゆるサボ差し）が設置されている。左側の6番線には東海道本線「中京快速」の153系（クハ153）が停車中。右側の8番線にはキハ58系が見える。当時の名古屋駅では様々な車両が見られた。◎1980（昭和55）年　撮影：高野浩一

名古屋駅3番線停車中の103系多治見行、JR東海の発足後にクリームを基調にオレンジとグリーンの帯が入った。103系は便所がなく、主として高蔵寺、多治見方面行きに運用された。
◎1991（平成3）年4月9日　撮影：荻原二郎

| 1章 | 名古屋〜中津川 |

クハ381を先頭にした特急「しなの」、名古屋駅10番線停車。線路横には列車への給水栓が見える。当時、東京〜九州間寝台特急など長距離列車があり、名古屋駅で客車への給水を行っていた。
◎1987(昭和62)年10月24日　撮影：荻原二郎

1章 名古屋〜中津川

中央本線のスカイブルー色103系と名鉄パノラマカー。名古屋を発車した中央線は金山との間で東海道本線と名鉄をアンダークロスして東側になる。写真上方に新幹線の高架が、写真左端にナゴヤ球場の照明塔が見える。103系は先頭と後方の車両が冷房化されている。◎名古屋〜金山　1982（昭和57）年6月　撮影：寺澤秀樹

大曽根駅は名古屋市東部の交通の要衝である。名古屋鉄道瀬戸線、名古屋市営地下鉄名城線、名古屋ガイドウェイバスと連絡している。現在は駅舎が高層化されマンションになっている。駅西側に名鉄瀬戸線の高架駅、東側にガイドウェイバスのターミナルがある。◎1971(昭和46)年10月25日　撮影：荻原二郎

1章 名古屋〜中津川

鶴舞駅。名古屋市内の中央西線は大都市にもかかわらず単線、非電化であったが、1962(昭和37)年に金山〜大曽根間の複線化が完成し、同時に金山〜鶴舞〜千種間が高架線になった。この区間の電化(名古屋〜瑞浪間)は1966(昭和41)年7月である。写真の右側には名古屋市営地下鉄鶴舞線の入口も見える。駅東側に広大な鶴舞公園が広がる。◎1977(昭和52)年11月18日　撮影：荻原二郎

名古屋市内の高架線を行くスカイブルー色の103系電車。上り名古屋行きだが、前面行先表示は単に「普通」となっているが、「中央線」のステッカーが貼られた時期もある。JR東海発足後に、行き先を表示するようになった。◎千種〜鶴舞 1983年4月8日
撮影：RGG（荒川好夫）

1章　名古屋〜中津川

新守山の大曽根寄りカーブですれちがう、湘南色113系2000番台。中央本線名古屋口は1966（昭和41）年の名古屋〜瑞浪間電化以来、横須賀線などから転入の70系が中心だったが、1978（昭和53）年に113系2000番台に置き換えられた。◎1983年2月11日　撮影：RGG（高木英二）

中央本線名古屋口の電化は名古屋〜瑞浪間が1966（昭和41）年5月に完成し、同年7月から営業開始された。横須賀線から転入したモハ70系の試運転電車がキハ35を先頭のディーゼル普通列車とすれ違う。◎新守山〜勝川　1966（昭和41）年5月　提供：朝日新聞社

1927（昭和2）年に開業した当時は地元の鳥居松村にちなみ、鳥居松と称した。戦時中の町村合併で春日井市が発足したため、戦後の1946（昭和21）年に春日井と改称した。勝川から高蔵寺までが春日井市だが、その代表駅となっている。長らく開設時の木造駅舎だったが2016（平成28）年に橋上駅舎となった。王子製紙春日井工場への専用線が分岐している。◎撮影：安田就視

1章 名古屋～中津川

勝川駅は2009（平成5）年に高架化され、駅施設は高架下になった。東海交通事業城北線（1993年3月に全線開業）の接続駅だが、城北線のホームは西側に500m離れている。
◎1993（平成5）年8月28日　撮影：荻原二郎

1章 名古屋〜中津川

神領電車区（現・神領車両区）の横を走る211系5000番台の3両編成。JR東海が在来線に最初に投入した車両で1988（昭和63）年に登場。国鉄時代末期の1986年に東海道本線東京地区、東北本線、高崎線に登場した211系の「JR東海版」で、ロングシートで便所もなく通勤輸送に徹している。電車基地には103系、165系、381系が見える。◎1990（平成2）年9月12日 撮影：安田就視

1章 名古屋〜中津川

神領電車区（現・神領車両区）に待機する103系電車。JR東海の発足後、スカイブルーからクリームに塗り替えられオレンジ、グリーンの帯が入った。中央線名古屋口の103系は1999（平成11）年12月改正時まで運行された。右に211系5000番台、さらにサロ381に運転台を取り付けたクロ381が見える。◎1991（平成3）年6月27日　撮影：RGG（荒川好夫）

1章 名古屋〜中津川

高蔵寺駅。高蔵寺ニュータウンが開発される前の木造駅舎。駅前から瀬戸記念橋（瀬戸市内）への国鉄バスが運行されていたが、現在は運行されていない。現在では高蔵寺駅も高架駅となった。
◎1980（昭和55）年4月24日　撮影：寺澤秀樹

9両編成で走る381系の特急「しなの」。381系は1973（昭和48）年の中央西線全線電化時に登場した自然振子式車両で、カーブでもスピードを落とさず走り、大幅なスピードアップを実現した。その後、短編成化され中間車への運転台取り付けが行われ、先頭はグリーン車サロ381に運転台を取り付けたクロ381である。
◎春日井～神領　1990（平成2）年9月12日　撮影：安田就視

1章　名古屋〜中津川

1章 名古屋〜中津川

定光寺は庄内川（このあたりでは玉野川と呼ばれる）沿いの駅で、一駅先の古虎渓とともに付近は渓谷である。D51牽引の上り普通列車と下りディーゼル普通列車が交換。この駅と次の古虎渓の間は愛岐トンネルが建設され、新線に切り替えられた。◎1965（昭和40）年2月17日　撮影：荻原二郎

神領電車区に待機するスカイブルーのクモハ40（左）と救援車クモエ21 800（右）。クモハ40は大垣〜美濃赤坂間などで運行されたが、電車区内の牽引車として使用。クモエ21 800は17m「国電」クモハ11を救援車に改造したクモエ21の低屋根タイプで側面の広い搬入口が特徴だった。
◎1980（昭和55）年7月　撮影：寺澤秀樹

定光寺駅を通過するEF64牽引の貨物列車。庄内川上流の玉野川、土岐川沿いの愛知・岐阜県境の定光寺、古虎渓付近は気候の変わり目で冬は雪の日もある。◎1980年2月26日　撮影：寺澤秀樹

1章 名古屋〜中津川

1973（昭和48）年の中央西線全線電化時、中津川以北の普通電車には80系「湘南型」電車が投入された。神領電車区への回送電車と思われる。80系普通電車は1980（昭和55）年3月まで運行された。◎古虎渓　1979年10月10日　撮影：寺澤秀樹

1973（昭和48）年の中央西線全線電化時、これまで客車普通列車に連結されていた荷物車、郵便車を集約した荷物列車が名古屋〜長野間に運転された。EF64が全区間を牽引した。◎多治見〜土岐市　1979（昭和54）年4月15日　撮影：寺澤秀樹

岐阜県東濃東濃窯業地帯の中心地多治見駅の空撮。駅舎は鉄筋2階建てになっている。駅構内に多治見機関区があり転車台があり、D51のほかディーゼル車も待機している。写真左下の線路は東濃鉄道笠原線（1971年旅客営業休止、1978年廃止）、写真左上に東濃鉄道の新多治見駅が見える。
◎1967（昭和42）年8月2日　提供：朝日新聞社

多治見は古くから陶器の街として知られ、美濃焼の産地である。駅前に「陶都多治見市」のモニュメントがある。駅舎は1960年代に鉄筋2階建ての横長の駅舎（当時の地方拠点駅の標準駅舎）になったが2009（平成4）年に橋上駅となった。太多線が分岐している。◎1968（昭和43）年9月1日　撮影：荻原二郎

1章 名古屋～中津川

多治見駅停車中のクハ76を先頭にした普通電車。中央西線名古屋口の電化は1966 (昭和41) 年7月に名古屋～瑞浪間が電化され、1968 (昭和43) 年10月に中津川まで延長された。車両は横須賀線などから転出したモハ70系で、3両目の大窓の車両は、横須賀線の1等車サロ75を2等車に格下げしたサハ75。◎1968 (昭和43) 年9月1日　撮影：荻原二郎

1章 名古屋〜中津川

多治見駅停車中のキハ181系ディーゼル特急「しなの」長野行きと、EF64牽引の下り貨物列車。中津川までの電化時には名古屋〜中津川間の旅客、貨物列車はEF64（0番台）が牽引した。◎1970（昭和45）年11月18日　撮影：荻原二郎

1982(昭和57)年、117系が東海道本線の浜松〜米原間「中京快速」に投入され、1986(昭和61)年11月改正時から1989(平成元)年3月まで、中央西線の名古屋〜中津川間快速にも運行された。その後快速は211系5000番台ロングシート車となり、サービスダウンとなった。これは競争線のないJR独占路線だからできたことである。◎釜戸〜武並　1987(昭和62)年9月15日　撮影：RGG(高木英二)

1章　名古屋～中津川

311系による快速ナイスホリデー木曽路号、名古屋発塩尻行で土休日運転。311系はJR東海発足後の1989（平成元）年に登場し、東海道本線の新快速、快速として運行された。現在では主として東海道本線普通電車に使用されるほか、ナイスホリデー木曽路号にも使用される。
◎瑞浪～釜戸　2000（平成12）年8月13日　撮影：RGG（荒川好夫）

1章 名古屋〜中津川

多治見〜土岐市も複線化に際し、別線線増方式が採られた。写真は381系「しなの」下り列車で、最後部はクハ381である。◎1974（昭和49）年3月25日　撮影：安田就視

土岐津（現・土岐市）駅に到着のD51牽引の上り普通列車。右側には東濃鉄道駄知線の電車が止まっている。東濃鉄道駄知線は土岐津〜東駄知間10.4kmを結んでいたが、1972（昭和47）年7月の水害で線路が被災して運休し、1974（昭和49）年10月に正式に廃止された。
◎1965（昭和40）年2月17日　撮影：荻原二郎

1章 名古屋〜中津川

明知線との分岐点恵那駅。ここは中山道の大井宿があり、駅名も「大井」だったが、1963（昭和38）年に恵那駅へと改称された。◎1970（昭和45）年11月19日　撮影：荻原二郎

1章 名古屋～中津川

土岐津は1965 (昭和40) 年7月に土岐市に改称された。写真の木造駅舎は1968 (昭和43) 年に鉄筋2階建てに改築され、現在でも改装されて使用されている。ここも東濃窯業地帯で美濃焼の産地である。◎1965 (昭和40) 年2月17日　撮影：荻原二郎

1章 名古屋〜中津川

恵那の北側、明知鉄道（手前の単線）との分岐点付近を行く上り「しなの」、国鉄明知線（恵那－明知）は1985（昭和60）年11月に第三セクター明知鉄道に引継がれた。写真の上方には中央高速道路が横切っている。中央道は中津川から恵那山トンネルで伊那谷に抜けるため木曾路は通らない。◎恵那〜美乃坂本　1990（平成2）年9月14日　撮影：安田就視

北恵那鉄道と東濃鉄道の思い出

北恵那鉄道は中津町から付知川（木曽川の支流）沿いに下付知（しもつけち）まで木材輸送を主目的に22.1kmを結んだ。起点の中津町は国鉄中津川駅の裏側で約500m離れていたが、貨車は連絡線で国鉄構内へ通じていた。左の車両は元名鉄瀬戸線の電車、右の車両は開業時からの車両。電気機関車も見える。◎北恵那鉄道中津町　1975（昭和50）年5月　撮影：田中義人

木曽川鉄橋を渡る北恵那鉄道の電車。この鉄橋は現在でも当時の姿のまま保存されている。北恵那鉄道は1924（大正13）年の開業当初から電化したが60年代に入ってからは道路の整備で輸送量が減少し1971（昭和46）年からは朝夕だけ運行になり1978年に廃止された。◎北恵那鉄道　1977（昭和52）年11月　撮影：田中義人

東濃鉄道駄知線は土岐津から駄知まで10.4kmを結んだ。窯業製品やその原料の輸送を目的に1922（大正11）年に開業した。戦後の1950（昭和25）年に電化されたが、1972（昭和47）年の水害で鉄橋が流出してバス代行になり、復旧のめどがたたず1974（昭和49）年に正式に廃止された。◎駄知　1972（昭和47）年7月　撮影：田中義人

東濃鉄道の土岐津駅は国鉄土岐津駅のホーム反対側で、乗換えはいたって便利だった。土岐津は1965（昭和40）年に土岐市に改称。写真の電車は元南武鉄道（現・JR南武線）の車両。◎撮影：江本廣一

東濃鉄道笠原線は新多治見（国鉄多治見駅に隣接）から笠原川に沿って笠原まで4.6kmを結んだ。笠原も窯業の街で、製品の搬出、原料の搬入が主目的だった。道路の整備で1971（昭和46）年に旅客営業を休止し、1978年に正式廃止。最後まで電化されず旧型ディーゼル車が走っていた。◎1965（昭和40）年2月　撮影：荻原二郎

1939（昭和14）年の時刻表

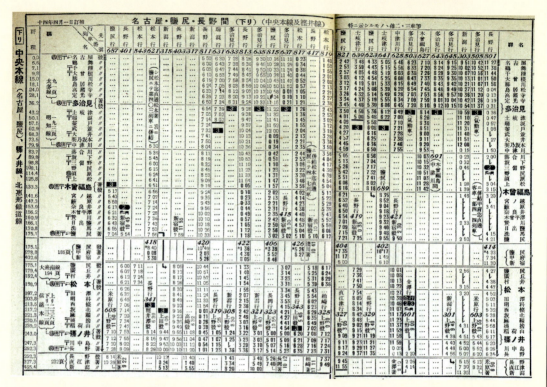

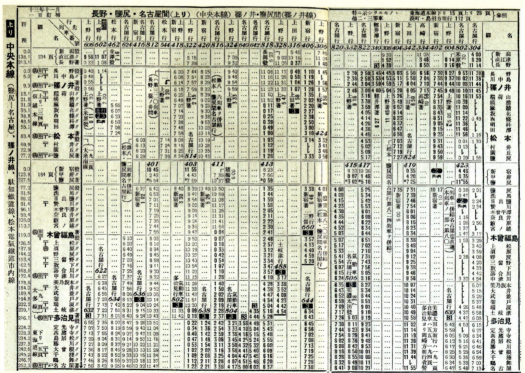

昭和戦前期の中央西線には急行列車が運転されていない。夜行普通列車は名古屋～新潟間と名古屋～長野間の2往復があり、名古屋～長野間の夜行には当時の2等寝台車（戦後のA寝台に相当）が連結され、一部車両が中央東線に直通している。名古屋～多治見間には気動車（ガソリンカー）が運転されている。

2章
中津川〜塩尻

撮影名所である新第1木曽川鉄橋を渡るD51牽引の下り貨物列車。落合川〜坂下間は複線化に際し、画面右側の下り線(名古屋から塩尻方向)は新線が建設された。画面左側の在来線が上り線(塩尻から名古屋方向)となり、上り線の第1木曽川鉄橋は架け替え工事中である。木曾川の下流方には流量調節のための落合ダムがあり、付近の木曾川は満面の水をたたえている。
◎1972(昭和47)年5月30日　撮影:安田就視

2章
中津川〜塩尻
木曾路はすべて山の中を実感し絶景「寝覚の床（かいま）」を垣間見る

いよいよ木曾路へ

　中津川は東濃地方の東端で木曾路の入口、中津川宿のある宿場町として栄えた。盆地の中心で大手電機メーカーの工場もある。かつては山越えＳＬの基地で機関区、客貨車区、保線区など現業機関が集まる鉄道の街でもあった。1968（昭和43）年10月に中津川まで電化され一挙に名古屋への通勤通学圏になった。中央自動車道はここから恵那山トンネルを抜けて伊那谷（飯田、駒ケ根方面）へ抜ける。おかげで木曾路には中央線と国道19号だけで景観が守られたといえる。中津川駅裏の中津町駅から下付知まで北恵那鉄道（22.1km）電車が走っていたが、1978年に廃止された。

　中津川をでると次の落合川まで上下別線区間で下り線（塩尻方向）はトンネルで直進する。落合川で車窓に木曾川が現われる。ここには木曾川の流量調節のための落合ダムがあり川幅が広く満面の水をたたえている。ここから藪原まで約60kmにわたり木曾川が中央線と「伴走」する。落合川の北側で鉄道写真の名所、第１木曾川鉄橋を渡る、単線の鉄橋が並び、下り線（名古屋から塩尻方向）はトンネルで抜けるが、上り線（塩尻から名古屋方向）は川沿いの在来からの線で落合峡が眺められる。

　坂下－田立間で岐阜県から長野県に入る。沿線の家々もかつての養蚕農家のしっかりした造りの家が目立ってくる。田立〜南木曾間は旧線時代は木曾川沿いで急曲線が連続していたが、災害多発区間のため複線化時に長いトンネル（島田トンネル、2551メートル）に切り替えらえた。旧線の一部は国道19号線に転用されている。この区間には重要文化財、近代化産業遺産にも指定された1923（大正12）年建設の関西電力読書（よみかき）発電所があり、旧線はその上を通っていた。

　南木曾は以前は三留野（みどの）といい宿場町であり木材の集積地だった。旧中仙道で伝統的町並みが復元されている妻籠宿（つまごじゅく）の入口であり、1968（昭和43）年10月に南木曾と改称された。今でも営林署の貯木場がある。南木曾をでてすぐ、西側の流れる木曾川にかかる吊り橋が見える。1923年に架けられた吊り橋「桃介橋」である。福澤桃介（福澤諭吉の娘婿、当時の大同電力の社長）により読書発電所（よみかき）への資材運搬のために架けられ、現在は復元され近代化遺産になっている。

　南木曾から十二兼までは下り線が木曾川沿いに国道と平行して北上するが、上り線はほとんどトンネルである。名古屋から続いてきた複線区間は十二兼で終わり、ここから倉本までは単線となる。野尻〜大桑間は国道19号が進行方向（塩尻に向かって）右になり、「道の駅大桑」付近は天気がよければバックに木曾駒ケ岳に連なる山々が入る撮影名所だが、あいにく今日は曇り。倉本から複線となるが、進行左側の木曾川はさらに狭まってくる。

分水嶺鳥居峠を越えて

　倉本から再び複線に。大きくカーブし、花崗岩が露出した名勝「寝覚の床」が車窓をかすめ、ほどなく上松へ。駅の西側、木曾川との間には電子機器の工場が進出しているが、40数年前までここには広大な貯木場があり、木曾森林鉄道の木材運搬列車が発着していた。線路幅の狭い（762ミリメートル）いわゆる軽便鉄道で、小型のディーゼル機関車が沿線住民や林業作業員を乗せた客車や木材運搬貨車を牽引して、木曾川の支流王滝川にそって御岳山のふもとまで走り、最盛期は支線も含め総延長400キロメートルを越えていた。沿線小学生の通学列車や車内で散髪のできる「移動理髪室」が話題になったこともある。道路の整備で徐々に廃止され、1975（昭和50）年に最後まで残った王滝線（上松〜本谷間）が廃止された。

　木曾川に沿った谷がやや広がるとそこは木曾の中心木曾福島。江戸時代には天下の四大関所の一つといわれた福島関所があり（他は箱根、新居、碓氷）、現在でも国や長野県の出先機関がある。駅舎は1981（昭和56）年、木曾の古民家を模したゆるやかな三角屋根の駅舎になった。さらに北へ向かうと木曾川はさらに狭まり渓流の趣だ。

　木曾福島〜宮ノ越間は中央線で最後に開通した区間で、1911（明治44）年５月に東西の中央線が結ばれ全線が開通して中央本線と改称された。原野〜宮

ノ越間には「中央東西線鉄路接続点」と記された記念碑がある。その原野から単線になるが、次の宮ノ越から鳥居峠を越えた奈良井までが複線になる。藪原をでると落合川から「つかず離れず」で平行してきた木曾川が北側へ消えてゆく。このさらに上流が木曾川の源流だ。

藪原〜奈良井間で分水嶺鳥居峠（標高1197メートル）にさしかかる。ここを境に木曾川水系と奈良井川（信濃川水系）に分かれる。旧線はこの区間を20‰勾配、急曲線とトンネル（旧鳥居トンネル1655メートル）で越え、ＳＬにとって難所で撮影名所でもあった。電化、複線化にあたり勾配を緩和した新線が建設され新しい鳥居トンネル（2157メートル）が建設された。

鳥居トンネルをでると、奈良井川が車窓に現われる。奈良井から徒歩で行ける奈良井宿は伝統的建造物保存地区に指定され中山道で最高所に位置し、奈良井駅も標高933.5メートルで中央西線では最高地点（中央東線では富士見の955.2メートルが最高地点）で、宮ノ越、藪原、贄川などとともに開通以来の明治の駅舎が現役である。

塩尻に近づくにつれて風景の趣が変わり、周囲の山々も徐々に低くなり、松本平（松本盆地）近しを思わせる。贄川から塩尻まで複線である。

坂下〜落合川間に架かる第一木曾川橋梁。1907（明治40）年に完成し、翌年から供用が開始された。所蔵：生田誠

【駅データ】

	（所在地）	（キロ程）	（開業年）	（乗車人員）
中津川駅	岐阜県中津川市太田町	79.9km（名古屋起点）	1902（明治35）年12月21日	3,424人（2016年）
落合川駅	岐阜県中津川市落合	83.7km（名古屋起点）	1917（大正6）年11月27日	
坂下駅	岐阜県中津川市坂下	89.8km（名古屋起点）	1908（明治41）年8月1日	459人（2016年）
田立駅	長野県木曾郡南木曾町田立	92.6km（名古屋起点）	1948（昭和23）年9月1日	69人（2015年）
南木曾駅	長野県木曾郡南木曾町読書	98.9km（名古屋起点）	1909（明治42）年7月15日	303人（2015年）
十二兼駅	長野県木曾郡南木曾町読書	104.4km（名古屋起点）	1948（昭和23）年9月1日	20人（2015年）
野尻駅	長野県木曾郡大桑村大字野尻	108.1km（名古屋起点）	1909（明治42）年9月1日	116人（2015年）
大桑駅	長野県木曾郡大桑村大字長野	111.1km（名古屋起点）	1951（昭和26）年9月1日	112人（2015年）
須原駅	長野県木曾郡大桑村大字須原	114.4km（名古屋起点）	1909（明治42）年9月1日	48人（2015年）
倉本駅	長野県木曾郡上松町大字荻原	119.2km（名古屋起点）	1948（昭和23）年9月1日	19人（2015年）
上松駅	長野県木曾郡上松町駅前通り	125.8km（名古屋起点）	1910（明治43）年10月5日	189人（2015年）
木曾福島駅	長野県木曾郡木曾町福島	133.1km（名古屋起点）	1910（明治43）年10月5日	774人（2015年）
原野駅	長野県木曾郡木曾町日義原野	138.6km（名古屋起点）	1955（昭和30）年4月21日	63人（2015年）
宮ノ越駅	長野県木曾郡木曾町日義宮ノ越	141.4km（名古屋起点）	1910（明治43）年11月25日	40人（2015年）
藪原駅	長野県木曾郡木祖村大字藪原	147.1km（名古屋起点）	1910（明治43）年10月5日	135人（2015年）
奈良井駅	長野県塩尻市大字奈良井	153.7km（名古屋起点）	1909（明治42）年12月1日	63人（2016年）
木曾平沢駅	長野県塩尻市大字木曾平沢	155.5km（名古屋起点）	1930（昭和5）年6月5日	46人（2016年）
贄川駅	長野県塩尻市大字贄川	160.7km（名古屋起点）	1909（明治42）年12月1日	108人（2016年）
日出塩駅	長野県塩尻市大字宗賀日出塩	165.9km（名古屋起点）	1926（大正15）年12月21日	12人（2016年）
洗馬駅	長野県塩尻市大字宗賀洗馬	170.6km（名古屋起点）	1909（明治42）年12月1日	56人（2016年）

2章 中津川～塩尻

木曾路の入口、中津川。1968（昭和43）年10月に中津川まで電化され、名古屋への通勤通学が可能になった。駅舎は電化を機に1968年に鉄筋2階建て横型駅舎（地方拠点駅の標準仕様）に建て替えられた。◎1966（昭和41）年3月5日　撮影：荻原二郎

深夜の中津川駅に停車中の長野発大阪行き上り急行「ちくま4号」。長野発20時31分で中津川0時56分着、1時05分発。大阪着5時49分、名古屋は運転停車で乗客扱いなし。客車はブルートレインと呼ばれた20系寝台車と12系客車の混成である。背後に見える「ダイエー中津川店」は1977(昭和52)年に開店したが1998(平成10)年に撤退した。◎1981(昭和56)年4月　撮影:寺澤秀樹

2章 中津川～塩尻

DD51牽引の松本発名古屋行普通824列車。1968（昭和43）年頃から旅客列車へのDD51投入が始まった。客車は背板が板張りのオハ61系で座席間隔が狭く、長時間乗車には不向きだったが、中央西線の普通列車はオハ61が多かった。
◎落合川〜中津川　1970（昭和45）年2月　撮影：小川峯生

2章 中津川～塩尻

藪原を出発して鳥居峠へ向かうD51牽引の下り普通列車。荷物車、郵便車が連結。当時の客車による長距離鈍行列車は荷物、郵便の輸送も重要な役割だった。◎藪原～奈良井　1971(昭和46)年2月　撮影：小川峯生

キハ91による急行「きそ」、キハ91は試作車で故障、不具合も多く整備の現場泣かせだった。この付近は複線化されている。
◎洗馬付近　1971(昭和46)年2月　撮影：小川峯生

2章 中津川〜塩尻

新雪をかぶった御岳に連なる山々をバックに走るD51牽引上り普通列車。背後の山村風景はまさに日本のふるさとの風景である。
◎田立〜坂下　1970(昭和45)年12月7日　撮影：安田就視

2章　中津川〜塩尻

中津川〜落合川間の別線線増区間を走る115系1000番台による上り普通電車。中央西線全線電化時に投入された湘南型80系電車にかわり、1977〜80年に115系1000番台に置き換えられた。写真左側には木曽川をせき止めた落合ダムが見える。木曽川はここで中央本線と離れ西に向かい、犬山付近の日本ラインを通って伊勢湾に注ぐ。
◎1982(昭和57)年1月24日　撮影：RGG(荒川好夫)

2章　中津川〜塩尻

中津川〜落合川間を行くD51牽引の下り貨物列車。D51の後補機が付いている。この区間の距離は短いものの勾配があり、貨物列車にはD51の後補機がついた。付近は別線線増方式で複線化された。◎1970(昭和45)年2月13日　撮影：田中義人

峠を下りてきた上り貨物列車。この区間は今でも単線で架線が張られた以外は電化前の面影が残る。この区間は国道と木曾川の間に中央線が通っていて、川をすぐ近くに見られる。写真の吊り橋は、現在はなくなっている。◎十二兼〜野尻 1972（昭和47）年11月　撮影：安田就視

撮影名所である新第1木曽川鉄橋を渡るD51牽引の下り貨物列車。この区間は別線線増区間で写真の下り線(名古屋から塩尻方向)は新線でこの先はトンネルで抜ける。写真では見えないが、手前側に上り線(塩尻から名古屋方向)がある。木曾川の下流方には流量調節のための落合ダムがあり、付近の木曾川は満面の水をたたえている。◎落合川〜坂下　撮影:安田就視

2章 中津川〜塩尻

坂下で上り貨物列車と交換する181系ディーゼル特急下り「しなの」。当時は単線で、上り列車と交換した。©1970（昭和45）年11月1日　撮影：田中義人

「名古屋市史」に登場する中央線

中央線のルート選定と開通

　中央線の建設については、当初からそのルート選定に関して議論が交わされてきた。明治19年（1886）に東海道線の決定を見た後も、軍部は国防上の観点から本州中央部に幹線を敷設すべきだと主張した。20年に甲信鉄道会社に甲府～松本間の鉄道敷設の免許が下り、翌21年に甲武鉄道会社に東京～八王子間の鉄道建設の免許が下りたが、これらと中央幹線の関係についてはいまだ結論ができていなかった。

　25年6月21日に公布された鉄道敷設法により、中央線の起点を八王子もしくは御殿場とし、甲府、諏訪を経て名古屋にいたる幹線と支線をあわせて中央線と称することになった。ただし、鉄道敷設法の第1期線には8つの競争路線が含まれていたため、中央線が最優先に着工されるか否かは、もう一方の起点である名古屋にとって重大な関心事であった。

　名古屋では商業会議所と名古屋市が中央線の建設に向けて運動を開始し、商業会議所は25年9月29日の臨時総会で中央路線の調査を実施することを決めた。しかし、農商務省はこうした方針に対して否定的な態度をとったため、商業会議所は鉄道長官に「鉄道敷設の順序に関する意見」を申し述べた。ところが、政府は26年になっても建設に着手する気配はいっこうに示さなかった。

　中央線の東側の路線は八王子～甲府間、御殿場～甲府間のうち前者に決まった。一方、西側については、伊那線（上諏訪～飯田～足助～名古屋）、清内路線（飯田～清内路～中津川～名古屋）、西筑摩線（塩尻～宮ノ越～木曾福島～名古屋）の3線が候補にあがってきた。地元の利害がからんで競争が激しく、政府はこのうちのどれにするかすぐには決定できなかった。業を煮やした名古屋では、名古屋～中津川間に独自に私設鉄道を敷設する動きも起こったが、この私設鉄道建設の申請は却下された。

　紆余曲折を経ながら、27年の第6回帝国議会で中央線を西筑摩線に沿って建設することが決定された。中央線の建設促進運動や私設鉄道建設の動きが、政府の態度に影響を与えたことは明らかである。29年4月8日、八王子と名古屋に鉄道出張所が設けられ、東西両側から工事が着手されることになった。名古屋出張所は中央西線すなわち名古屋～宮ノ越間の建設を担当することになった。

　こうして中央西線が敷設されることになったが、そのルートとして当初は名古屋から陶磁器産地の瀬戸を経由して多治見にいたる案も考えられた。しかし、瀬戸～多治見間に25‰の勾配が出現し、線路延長も長くなるため、庄内川に沿って北東に進み多治見にいたるルートに決まった。また、名古屋から春日井方面に向かう部分については、路線を市街地北側（城北線）にとるか、あるいは東側（城東線）とするかについて議論が交わされた。路線の決定が市街地の発展に影響を与えるため議論は白熱を帯びたが、結果は市街地の東部を通ることに落ち着いた。

　名古屋に置かれた鉄道出張所は29年の5月から測量作業に着手し、11月に工事を開始した。名古屋～宮ノ越間87マイル51チェーン（141.0キロメートル）を34の工区に分け、さらに矢田川・庄内川・木曾川第1・同第2の4橋梁を独立の工区として順次施工した。これらのうち、起点である名古屋付近の第1工区、矢田川・庄内川の2橋梁、トンネル地帯の多い第7工区・第8工区、それに木曾川第2橋梁は直営で工事が行われた。

　名古屋～多治見間の鉄道建設に際しては、必要資材のうち軌条・鉄桁は神戸と新橋から配給を受け、熱田駅で降ろした。このため、31年に熱田～古渡間の建築用支線を経て千種停車場にいたる仮設の軌道が設けられ、軌条・鉄桁はトロリーを使って運搬された。その他の資材は名古屋から荷馬車と軽運車を使って建設現場まで運ばれ、また愛知・岐阜の県境にあたる池田～王野間のトンネル工事で使用する物品は軽便鉄道で運搬された。32年になると、これまでの方法のほかに建築用列車を運転して輸送が行われるようになった。

　名古屋～多治見間の工事がすべて終了し、この区間の営業が開始されたのは、33年7月25日である。開業当時、名古屋～千種間の所要時間は17分、運賃は2等が13銭、3等が7銭であった。また終点の多治見までは所要時間が1時間35分、運賃は2等60銭、3等34銭であった。

　中央線は、名古屋駅から市の南側を迂回して東に向かい、さらに北上して春日井方面に向かって伸びている。この間に鶴舞・千種・大曽根の3駅が設けられたが、これらの開設時期は同じではない。駅舎が最初に設置されたのは千種であり、名古屋～多治見間が開通した33年7月のことである。千種駅の設置に際しては、名古屋市東部の振興を図るために結成された東部同盟会による駅舎の設置運動があった。運動が功を奏して千種駅は開設されたが、同駅の開設にともなって市中心部と東部方面を結ぶ新栄町通が開通したため、これは市街地が東に向かって拡大するきっかけとなった。

　大曽根駅は、44年4月9日中央線の全通とほぼ同時に開設された。駅舎の開設には大曽根町在住の有志による働きかけがあり、愛知県知事の援護を受けながら鉄道作業局に対して行った請願運動が実を結んだ。駅舎設置にあたっては、用地の提供と土盛り工事費用の負担、それに東春日井郡瀬戸方面との間に交通機関を設置することが条件とされた。

　一方、鶴舞駅は、千種や大曽根駅の開設からはるかに遅れ昭和12年（1937）4月21日に設けられた。名古屋港北の熱田前新田を会場として開催された汎太平洋平和博覧会の会期中の竣工・開設である。鶴舞公園付近一帯の発展を図るために10年11月に設立された鶴園振興会が、駅舎建設のための土地と基金を鉄道省に寄付をした結果、実現したものである。

田立〜南木曾間の木曾川沿いの旧線を行くキハ58系ディーゼル急行。画面下側の水力発電所は1923（大正12）年に建設された関西電力読書（よみかき）発電所で、現在でも稼働しており重要文化財、近代化産業遺産に指定されている。複線化に際し木曾川の北側に島田トンネル（2551メートル）が建設され新線に切り替えられた。◎1970（昭和45）年11月1日　撮影：田中義人

2 章 中津川〜塩尻

2章 中津川〜塩尻

田立〜南木曾の旧第5木曾川鉄橋を渡るD51牽引の下り貨物列車。画面左側は読書発電所の送水管。この区間は木曾川に沿って急曲線が連続し、地形的にも災害が多発したため、防災上から山側にトンネル(島田トンネル2551メートル)が建設されて複線化された。
◎1970(昭和45年)11月1日　撮影:田中義人

田立〜南木曾（1968年10月に三留野から改称）は複線化に際し別線（大部分はトンネル）が建設された。この写真は旧線を行くキハ58系のディーゼル急行。交差する道路は宿場町妻籠への道。写真の上部に南木曾の市街地があり、木曽駒ケ岳が背後にそびえる。◎1970（昭和45）年11月1日　撮影：田中義人

2章 中津川〜塩尻

中山道の宿場町三留野にあった三留野駅は1968(昭和43)年10月に南木曾駅へと改称された。旧中山道沿いで、街並みが復元された妻籠宿の入口でもある。複線化に際し駅の位置が移動したため、新線切り替え直前まで変化がなかった。D51重連牽引の上り普通列車が停車中。◎1971(昭和46)年3月2日　撮影：田中義人

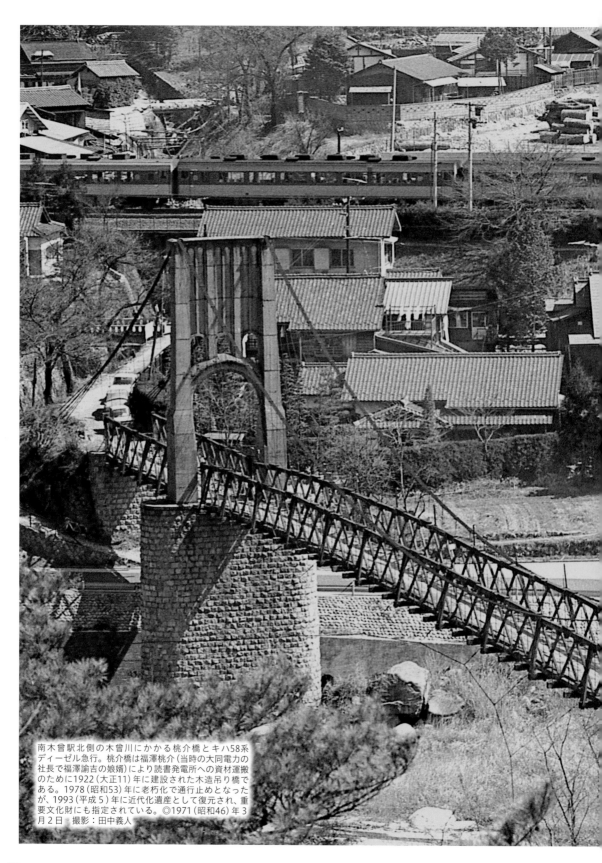

南木曾駅北側の木曾川にかかる桃介橋とキハ58系ディーゼル急行。桃介橋は福澤桃介（当時の大同電力の社長で福澤諭吉の娘婿）により読書発電所への資材運搬のために1922（大正11）年に建設された木造吊り橋である。1978（昭和53）年に老朽化で通行止めとなったが、1993（平成5）年に近代化遺産として復元され、重要文化財にも指定されている。◎1971（昭和46）年3月2日 撮影：田中義人

2章 中津川〜塩尻

2章 中津川〜塩尻

南木曾を発車するD51牽引下り貨物列車。南木曾には木材集積場があり、かつては林用軌道で駅まで運ばれた。現在でもこの木材集積場はあり、木曾の森林地帯に入ったことが実感できる。

D51牽引で山から下ってきた上り貨物列車。列車は絶気運転で、煙は出ていない。中央西線のD51は集煙装置を装備し、兜(かぶと)をかぶったようで勇壮なスタイルだった。たわわに実った柿の木が晩秋を感じさせる。複線化工事中で電化ポールが建っている。
◎田立〜南木曾　1971(昭和46)年12月5日　撮影：安田就視

中山道三留野(みどの)宿にちなんだ駅名だったが、1968(昭和43)年10月に南木曾に改称された。
◎1968(昭和43)年9月1日　撮影：荻原二郎

夜行列車「ちくま」「きそ」

　中央西線の夜行列車は戦後かなり早い時期（1947／昭和22年）から準急として名古屋～長野間に運転されたが、1959（昭和34）年になってようやく「きそ」の名がつけられた。木曽川にちなんだ名である。1956（昭和31）年5月から3等寝台車（後の3段式B寝台車）が連結されたが、特筆すべきことは1950（昭和25）年から本来の中央本線を直通する名古屋～新宿間直通の客車が連結されていたことで、塩尻～新宿間は普通列車に連結して1961（昭和36）年まで存続した。

　1959（昭和34）年12月から、大阪～長野間の準急「ちくま」が下り（大阪発）が夜行、上り（長野発）が昼行で登場した。関西から信州（長野県）への登山客、観光客の輸送が主目的で、夜行で着いた登山客の帰路にぴったりの列車設定であった。1961年10月から「ちくま」はキハ58系ディーゼル急行となった。1966（昭和41）年3月から「ちくま」は2往復体制となり、昼行、夜行各1往復となった。一方、名古屋発着の夜行は1961年10月からキハ58系ディーゼル急行「あずみ」が増発され、名古屋～長野間夜行は客車準急「きそ2号」（きそ1号は昼行）とあわせ2往復となったが、登山、スキー客の多い時期には臨時列車も運転された。なお、1966年3月の運賃値上げ時から走行距離が100kmを越える準急はすべて急行となった。

　1968（昭和43）年10月に急行列車の愛称が整理され、名古屋発着が昼行、夜行ともに「きそ」（7往復、季節列車含む）大阪発着は「ちくま」（昼夜各往復、他に季節列車1往復）となった。夜行列車（定期）は3往復で時刻は次の通りである。

　（下り）「きそ7号」名古屋23:27－長野5:06、「きそ8号」名古屋23:55－長野5:48、
　「ちくま3号」大阪21:51－長野6:53
　（上り）「ちくま3号」長野21:45－大阪6:45、「きそ6号」長野23:00－名古屋5:30、
　「きそ7号」長野23:20－名古屋6:00
　「きそ」（下り8号、上り7号）は客車で2等寝台車（後の3段式B寝台車）を連結した。

　1978（昭和53）年10月、定期「ちくま」（下り5号、上り4号）は客車化され12系座席車プラス20系B寝台車のスタイルになった。1985（昭和60）年3月以降は夜行「きそ」廃止で中央西線最後の夜行列車（定期）となった。この時の時刻は次の通りで、名古屋での利用も考慮された。

　（下り、ちくま1号）大阪21:43－名古屋0:28/0:43－長野5:24
　（上り、ちくま2号）長野23:26－名古屋5:05/5:22－大阪8:27

　1986（昭和61）年11月から寝台車が14系B寝台車になった。1997（平成9）年10月から383系電車となり座席車だけになったが、2003（平成15）年10月改正で「ちくま」は定期列車としては廃止された。

　夜行急行「きそ」（定期）は1982（昭和57）年11月以降、客車1往復だけになり、寝台車がなくなり12系座席車だけになったが、1985（昭和60）年3月改正で廃止された。なお、昼行急行「きそ」（電車）は1982（昭和57）年11月に廃止されている。

中央西線の名列車「赤倉」

　名古屋と新潟を乗り換えなしで結ぶディーゼル急行「赤倉」は1962（昭和37）年12月にキハ58系で登場した。それまで運転されていた名古屋～長野間の客車準急「きそ」と長野～新潟間のディーゼル準急「あさま」を結び1本の列車としたもので、昭和戦前から太平洋戦争末期にかけ名古屋～新潟間に運転されていた夜行普通列車（名古屋～長野間が夜行区間）の再来ともいわれた。

　「赤倉」は新潟・長野県境に近い新潟県妙高高原一帯の温泉およびリゾート地を指し、名古屋～新潟間463.6kmを8時間36分で結んだ。時刻は次の通り。

　（下り）名古屋11:00－長野15:53/15:56－新潟19:36
　（上り）新潟8:40－長野12:31/12:45－名古屋17:50
　高度経済成長期の1960年代、中京工業地帯の発展で名古屋はじめ東海3県（愛知、岐阜、三重）の工業地帯に全国から人が集まり、名古屋始発で各地と結ぶ列車が出現した。「赤倉」もそのひとつである。

　1973（昭和48）年7月の中央西線全線電化で特急「しなの」が大増発されても「赤倉」はディーゼル急行のままで、「架線下ディーゼル」といわれた。1982（昭和57）年11月の全国ダイヤ改正時に「赤倉」はようやく電車化されて165系電車になった。時刻は次の通りである。

　（下り）名古屋9:02－長野13:04/13:06－新潟16:23
　（上り）新潟9:45－長野13:08/13:10－名古屋17:41
　下りは従来よりも約40分スピードアップされたが、向い合せの固定座席での長時間乗車はもはや時代おくれで、始発から終点まで乗り通す乗客は少なかった。1985（昭和60）年3月に廃止され、同時に中央西線から昼行定期急行は姿を消し、すべて特急となった。

木曽川に沿って走るD51牽引の下り列車。この付近はダムがあるため川幅が広い。現在はこの背後の山に複線の島田トンネルが建設され、この旧線は国道19号に転用された。
◎田立〜南木曾　1970（昭和45）年12月　撮影：安田就視

2章 中津川〜塩尻

木曾森林鉄道の思い出

上松を出発した森林鉄道の列車はしばらく中央西線に沿って北上し、鬼淵鉄橋で木曾川を対岸に渡る。この鉄橋は今でも保存されていて、中央西線からも見ることができる。ディーゼル機関車が客車を牽く「みやま号」上松と本谷を約3時間で結ぶ旅客列車で、沿線住民と森林作業員のために運行。◎鬼淵鉄橋 1974(昭和49)年8月 撮影：小川峯生

上松を出た木曾森林鉄道の列車は木曾川を渡り、鬼淵に着く。ここは王滝線と小川線の分岐点で、小川線はここで機関車を付替え方向が変わる。◎鬼淵 1973(昭和48)年10月 撮影：田中義人

木曾森林鉄道

　木曾の檜で知られる御岳山麓の豊富な森林資源は江戸時代(藩政時代)から特別に保護され、木曾式伐木運搬法と呼ばれる方式で木曾川の急流を利用し、中流からは筏を組んで下流の貯木場に送られた。明治になり木曾森林は皇室の資産となり御料林として管理された。1910(明治43)年に中央西線が上松まで開通すると、森林鉄道を建設して森林地帯から上松まで鉄道で搬出し、中央線の貨物列車で輸送することが計画された。

　まず1916(大正5)年、木曾川の支流小川沿いに小川森林鉄道(小川線)が開通した。木曾森林鉄道の「本線」ともいえる王滝森林鉄道(王滝線)は王滝川沿いに建設され1924(大正13)年に氷ヶ瀬(王滝村)まで開通し、王滝村西部、岐阜県境に近い三浦まで1930(昭和5)年に開通した。

　当時の大同電力による三浦ダムおよび発電所(現在は関西電力が運営)建設のためさらに本谷まで延長され、1938(昭和13)年に上松〜本谷間約50kmが開通し、奥地からの木材運搬のため支線も数多く建設され、最盛期には総延長300kmにも及んだ。この森林鉄道は線路の幅が狭い(762mm)いわゆる軽便鉄道で、米国製の小型蒸気機関車が木材列車を牽引したことから、その愛らしい姿が鉄道ファンに愛好された。

　戦後は林野庁の管理下になり上松営林署(現・木曾森林管理署)によって運営されたが、1960年代になり道路の整備でトラックによる木材輸送が増え、森林鉄道は徐々に廃止され最初に開通した小川線は1966(昭和41)年に廃止された。

　1970年代に入るとこの森林鉄道がマスコミに注目され、沿線小学生の通学列車「やまばと号」や「動く理髪店」が取り上げられた。それまで沿線住民や森林作業員が乗っていた列車に観光客の便乗希望が増え、1日の便乗は上松〜田島(王滝村の中心)間に限り20人までに制限された。1975(昭和50)年3月には、最後まで残った王滝線も廃止された。同年5月30日には、お別れ列車が運転された。

　現在、上松町の赤沢自然休養林に森林鉄道記念館があり、森林鉄道で活躍した小型蒸気機関車、ディーゼル機関車、理髪車などが保存展示され、付近には小川森林鉄道の一部が復活して観光列車が運転されている。

上木曾森林鉄道は最後に残った王滝線が1975(昭和50)年3月31日をもって木材運搬列車の運行が終了。小学生の通学列車は同年5月30日まで運行された。同日に王滝線お別れ列車が運転され、米国ボールドウイン社製の小型蒸気機関車が先頭についた。大きな集塵装置をつけた煙突が特徴で、現在は赤沢の森林鉄道記念館で保存されている。◎田島　1975(昭和50)年5月30日　撮影：田中義人

木曾川沿いの桟(かけはし)・和倉沢鉄橋を渡る、最終日1975(昭和50)年5月30日のお別れ列車。この鉄橋は中央線から見ると木曾川の対岸で列車から見ることができた。客車には「さよなら森林鉄道」の装飾が施された。◎1975(昭和50)年5月　撮影：田中義人

夕暮れの十二兼に停車中のD51重連牽引の下り貨物列車。
構内は電化工事中で、架線柱が建っている。十二兼は木曽川
沿いの段丘に駅があり、写真右側には木曾川が流れている。
◎1972(昭和47)年12月2日　撮影：安田就視

「愛知県史」に登場する中央本線

中央本線開通

　明治期の両京（東京－京都）間鉄道計画において東海道経路に敗れた中山道経路への鉄道敷設への期待は依然高く、官費での建設が成就しないのであれば、民間資本を投じても実現させようという動きが経路上の各地で高まってきた。1880年代後半になると、特に製糸業で資本を蓄積した甲斐・信濃地方の資本家を中心に甲信鉄道や山梨鉄道などの私設鉄道計画として相次いで免許申請が行われ、実現に向けた活動が本格化した。それらはいわば後年の中央東線に相当する関東方面での敷設計画の前身であったが、対する名古屋方面での中央西線相当区間への敷設計画は一般に低調であった。

　そうした状況の中で1889（明治22）年8月に飯田の伊原五郎兵衛が、一旦木曾川沿いで決定した敷設計画が白紙化したのを機に伊那経路に賭けて鉄道局への建設要請が中央西線計画の端緒となった。これらの熱心な鉄道計画や建議は政府を動かし、1891年7月に井上勝鉄道局長官が政府に提出した建白書である。「鉄道政略ニ関スル議」において、「東京名古屋ヲ聯絡スヘキ中央鉄道」として中山道経路への鉄道計画があげられ、ここに「中央」の名称が用いられたことによって、以後中山道経路の鉄道に中央線の名称が定着することになったとみられている。

　「鉄道政略ニ関スル議」をもとに鉄道建設の法定手続化を確立して政府の建設構想を明示した1892年6月公布の「鉄道敷設法」は、予定路線の冒頭に「中央線」として八王子あるいは御殿場から山梨県甲府および長野県諏訪を経て伊那郡あるいは西筑摩郡から名古屋に至る鉄道として記載されており、同線建設を明文化した端緒となった。関東側起点と途中経路は未確定であったが、中部側終点は「鉄道政略ニ関スル議」の段階で名古屋に決定していた。鉄道自体が珍しかった東海道鉄道の建設時と異なり、その効用が周知されるようになった中央線の建設にあたっては、県内でも誘致合戦が繰り広げられた。県内での端緒の1つは、中央線の計画の確定する以前の1884年に、三河国東加茂郡足助村鈴木利十郎ほかが「鉄道布設線路ノ儀ニ付具申書」を政府に提出し、飯田から駒場に出て和合、富草、旦開などの諸村を過ぎて、三河の上津具から山の西腹に沿って稲橋、足助、そして尾張の瀬戸を経て名古屋に達するという経路が、工事が容易で大浜港にも近く物流にも資するとして優位性を主張したことに求められる。しかし、1893年に木曾川経路での建設が決定し、足助は中央線経路から外れることが決定し、鉄道の恩恵には浴せないまま現在に至るが、以後もさまざまな鉄道敷設計画に関与して誘致運動を重ねることになった。

　一方、木曾川経路での建設が決定しても、より局地的なレベルで誘致合戦は継続した。1893年2月に町長名義で瀬戸町経由経路での建設を請願した同町では、全国有数の陶磁器産地の威信に賭けて蜂須賀茂韶貴族院議長に対して中央線の経路選定について請願を行った。その内容は、外国貿易の発展によって陶磁器の需要が高まって輸出量の増加はもとより、それに伴って砂土、薬品、薪炭等の原料の移入の必要も増加していること、加えて横浜や神戸の在留外国商人の瀬戸への来住の便を確保するためにも中央線の経路を多治見－瀬戸経由とするよう請願したものであった。局地的な経路をめぐる利害調整は県内でも相当数に及んだ。

　そして、その中央線の建設工事は東西両方向から進められ、愛知県側は1902年12月21日に名古屋－中津（現岐阜県中津川市）間から始まった。山岳区間の長野県内は難工事区間も多く、竣工には予想以上の時日を要したが、その全線開通式は1911年5月1日に名古屋市の鶴舞公園で行われた。

　全線開通直前の県内の中央線主要駅における貨物取扱状況を『中部鉄道管理局　駅勢調査梗概』にみると、東海道線各駅と比較して概ね着発取扱量が少ない。千種のような近郊駅においても主要な発送品は肥料や煉瓦などに限定され、しかも前者は近隣農家で生産された鶏糞、後者も近隣工場の製品であった。注目すべきは陶磁器が上位を占めてはおらず、路線経路の請願を行った瀬戸町の製品は主に矢田川－庄内川の水運経路で名古屋港に輸送して発送されていたのであろう。一方、当時は岐阜県境に近い農村に過ぎなかった高蔵寺駅は全般に取扱貨物自体が少なく、近隣産品の発送と農村需要品目の到着が中心で、到着貨物の首位を占めた薪炭は近隣の瀬戸の陶磁器窯の燃料と推定される。

103

2章 中津川〜塩尻

木曾川に沿って勾配を登るD51牽引の下り貨物セメント輸送列車。背後の対岸に渡る橋は阿寺渓谷に通じ、この渓谷にはかつては森林鉄道が通っていた。◎1972（昭和47）年11月13日　十二兼〜野尻　撮影：安田就視

2章 中津川～塩尻

春まだ浅い木曾駒ケ岳をバックに走る115系1000番台。行先表示は中津川～松本で、JR発足後はJR東日本の115系が中津川まで運転された。◎十二兼～野尻 1987（昭和62）年4月 撮影：寺澤秀樹

2章 中津川～塩尻

D51牽引の上り貨物列車が「山」から下りてくる。この区間は現在でも単線である。背後の山は木曽駒ケ岳。写真右側の道は国道19号で、現在はこの付近に「道の駅大桑」がある。右側の山裾に広がる晩秋の陽を浴びる農村風景が郷愁を誘う。木曽川はその下を流れている。
◎野尻～大桑　1971（昭和46）年12月5日　撮影：安田就視

EF64牽引の上り貨物列車。現在はEF64 1000番台となっている。中央西線は貨物輸送面でも重要で現在でも貨物列車が多数運転される。木曽駒ケ岳を望むこの付近は今でも撮影名所である。◎野尻〜大桑 1987(昭和62)年4月 撮影:寺澤秀樹

中央西線の名列車「しなの」

1953(昭和28)年11月、中央西線初の昼行優等列車として準急「しなの」1往復が登場し、普通列車で8時間近くかかった名古屋～長野間を約5時間30分(下り)で結んだ。蒸気機関車(D51)が牽引する客車列車で、煙にいぶされながらの旅であった。列車名は長野の旧国名「信濃」からとったことは言うまでもない。

1959(昭和34)年12月、「しなの」はキハ55系ディーゼル車に置き換えられて急行に昇格し、名古屋～長野間を約1時間短縮して4時間35分(下り)で結んだ。1961(昭和36)年10月からはキハ58系となり、同区間に「信州」が増発されたが、この愛称は1963(昭和38)年に信越本線上野～長野間の電車急行に移ったため、その列車も「しなの」になり2往復となった。

1968(昭和43)年10月の全国ダイヤ改正で、中央西線初のディーゼル特急が500馬力エンジンを搭載した新系列キハ181系で登場し、「しなの」と命名された。名古屋～長野間を4時間11分(下り)で結び、食堂車も連結された。従来のキハ82系(1両あたりのエンジン出力は360馬力)ではキハ58系ディーゼル急行と出力が同じで、勾配の連続する同線ではスピードアップが困難だったが、新系列車両でスピードアップが実現した。時刻は次の通りである。

(下り)名古屋8:40―長野12:51、(上り)長野15:10―名古屋19:24

1971(昭和46)年4月から「しなの」は3往復となり、うち1往復は従来のディーゼル急行「ちくま1号」を特急に格上げして大阪～長野間の運転となった。

1973(昭和48)年7月に中央西線が全線電化されたことから「しなの」が電車化され、自然振子式381系が投入された。この改正で「しなの」は急行からの格上げも含め8往復となったが電車は6往復であり、大阪直通を含む2往復は181系ディーゼル車のままだった。そのため食堂車を目当てにディーゼル「しなの」を選ぶ乗客もいた。電車化された「しなの」は最速3時間20分(下り、表定速度75.6km/h)で名古屋～長野間を結んだ。1975(昭和50)年3月からは全列車が電車となり、大阪乗り入れも継続した。1985(昭和60)年3月からは中央西線の昼行定期急行がなくなり、特急に統一された。

JR東海発足後の1988(昭和63)年3月から「しなの」は短編成化(9両→6両)となり、増発された一部列車にパノラマグリーン車が連結された。

長野冬季オリンピック開催(1998年)を機に「しなの」に新型車を投入することになり1996(平成8)年12月から383系電車が投入されて最短2時間43分(大部分の列車は2時間50分前後)になった。従来の381系も一部が残り、臨時列車として運行された。2016(平成28)年3月から長年続いた大阪乗り入れが廃止され、全列車が名古屋～長野間となった。現在では最短2時間53分(表定速度86.9km/h)、大部分の列車は2時間55分～3時間(いずれも下り)である。

鳥居峠の旧線を行く上り急行「しなの」。キハ58系12両の長大編成で運行された。◎1969(昭和44)年2月11日　撮影：清水武

十二兼から単線になり倉本まで続く。この区間は在来線をそのまま電化し、現在でも昔の面影が残る。左側に木曾川が流れるがこの付近から川幅が狭くなり、山々も迫り木曾路らしい景色になってくる。列車は181系ディーゼル特急「しなの」、500馬力エンジンを装備した新系列気動車で、1968（昭和43）年10月に登場した。◎十二兼〜野尻　1972（昭和47）年9月24日　撮影：安田就視

2章 中津川〜塩尻

名勝「寝覚の床」を行くDD51牽引の上り普通列車。1968（昭和43）年から中央西線にも客車列車にDD51が投入され、1971（昭和46）年4月に臨時列車の一部を除いて客車列車は無煙化された。この区間の複線化は1969（昭和44）年6月に完成し、現在でも国道沿いの駐車場から線路と奇岩を眺めることができる。◎倉本〜上松　1969（昭和44）年10月　撮影：荻原二郎

165系電車になった急行「きそ」、正面の列車番号表示が803Mとあるので「きそ3号」（名古屋発松本行き）である。1973（昭和48）年7月の中央西線全線電化時に特急「しなの」が増発され、急行「きそ」（昼行）は電車化されたものの削減され、特急中心となった。◎上松　1974（昭和49）年8月　撮影：小川峯生

2章 中津川～塩尻

木曽森林鉄道が発着し、木材輸送の拠点だった上松駅。駅舎は1951（昭和26）年に改築され、後に改装されて現在でも使用されている。
◎1969（昭和44）年6月5日　撮影：荻原二郎

列車番号が802Mとなっているので上り急行「きそ2号」（長野発名古屋行き）である。先頭車は153系のクハ153を165系と連結できるようにしたクハ164。正面がオレンジ色一色で、165系と異なっている。◎1974（昭和49）年8月　撮影：小川峯生

高台から見下ろした木曾福島駅構内。D51牽引の上り普通列車と下り貨物列車が交換する。ここには機関区があり、写真左には石炭の給炭台が見える。木曾福島は人口1万2000人の木曾町の中心で、江戸時代に福島関所が置かれた史跡の街でもある。御岳高原の入口で大勢の観光客が下車する。◎1971（昭和46）年10月16日　撮影：田中義人

木曾川上流に沿って走るDD51重連牽引の上り客車列車。臨時急行列車と思われる。1968(昭和43)年頃から客車列車の一部がDD51型ディーゼル機関車牽引となり、1971(昭和46)年4月から客車列車は一部の臨時列車を除いてDD51牽引となった。「中央本線複線化、トンネル改良工事」の看板が見える。手前は国道19号。◎1971(昭和46)年1月4日 宮ノ越〜藪原 撮影：田中義人

2章 中津川～塩尻

藪原駅を発車する湘南色の115系。中央西線中津川以北の普通電車は電化当初は80系「湘南型」だったが、1977～80年に115系1000番台に置き換えられた。撮影時は国鉄であったが、1987（昭和62）年のJR東海発足後は、中津川以北はJR東日本の115系とJR東海の165系が運行された。駅の背後の市街地はかつての藪原宿で、木曾川が背後に流れている。◎1985（昭和60）年10月20日　撮影：安田就視

2章 中津川～塩尻

複線化された新線を新鳥居トンネルに向かう381系下り特急「しなの」。長野寄り先頭はサロ381に運転席を取付けることで前面展望席を設けたクロ381─10番台で、パノラマグリーン車と呼ばれる。1988(昭和63)年に3両が改造で登場し、現在は名古屋の「リニア・鉄道館」で1両が保存されている。◎藪原～奈良井　1990(平成2)年10月3日　撮影：安田就視

2章 中津川〜塩尻

木曾平沢の奈良井寄りで奈良井川を渡るD51牽引の上り普通列車。この区間は鳥居峠に向かって上り列車が勾配を登る。◎1970（昭和45）年12月19日　撮影：田中義人

奈良井川鉄橋を渡る381系特急「しなの」鳥居峠を越えたので下り勾配を軽やかに下る、振子電車のためカーブでは車体を傾けて走る。◎奈良井〜木曽平沢　撮影：安田就視

日出塩を出発して上り勾配を猛然とダッシュするD51。写真の左に国道19号が平行。
©1971(昭和46)年2月 撮影:小川峯生

2章 中津川～塩尻

長野県木曽地域の中心、木曽福島町の玄関口。1981 (昭和56) 年に木曽地方の民家を模した三角屋根の古民家風駅舎に建替えられた。
◎1970 (昭和45) 年11月19日　撮影：荻原二郎

中央西線の分水嶺は藪原～奈良井間の鳥居峠 (標高1197メートル) である。電化前は旧鳥居トンネル (1655メートル) の前後に急曲線と20‰急勾配があり、中央西線の難所だった。電化にあたりこの区間の大部分は新線に切り替えられ、複線化された新鳥居トンネル (2157メートル) が建設された。藪原寄りに建設された高架線を行く下り貨物列車。◎藪原～奈良井　1973 (昭和48) 年1月13日　撮影：安田就視

第一奈良井川鉄橋を渡る上り貨物列車。中央西線は1973（昭和48）年7月に中津川〜塩尻間が電化され、この鉄橋はそのまま架線が張られた。しかし、防災上の観点からこの鉄橋を含む区間は新トンネルが建設され、1978（昭和53）年に新線に切り替えられた。◎贄川〜日出塩　1972（昭和47）年11月12日　撮影：安田就視

2章 中津川～塩尻

第一奈良井川鉄橋を渡る上り貨物列車。上り勾配のため盛んに煙を吐く。なお、中央西線には客車の普通列車も運行されていたが、1971（昭和46）年4月のダイヤ改正以降は一部の臨時列車を除いてDD51型ディーゼル機関車牽引となった。この区間は1978（昭和53）年に新線に切り替えられて廃線となった。◎贄川～日出塩　1972（昭和47）年5月29日　撮影：安田就視

2章 中津川〜塩尻

贄川から塩尻までは複線である。日出塩付近からは周囲の山々も徐々に遠ざかり「里」の風景になり、ここまでくると松本平（盆地）は近い。トウモロコシ畑の中を行くD51牽引の貨物列車。◎日出塩〜洗馬　1972（昭和47）年5月30日　撮影：安田就視

贅川を発車する上り貨物列車。鳥居峠の北側も木曾路だが奈良井川（信濃川の上流）沿いとなる。写真の左側に奈良井川が流れている。
◎贅川～日出塩　1972（昭和47）年12月2日　撮影：安田就視

贅川を発車するD51牽引上り貨物列車。鳥居峠に向かう上り勾配を登る。贅川には贅川宿と旧中山道の木曾路最初の関所である贅川関所があったが1869（明治2）年に廃止された。線路沿い（写真右側）には贅川関所が復元され、現在では木曾考古館が併設される。左側は国道19号で、右の谷には奈良井川が流れる。◎木曾平沢～贅川　1973（昭和48）年1月12日　撮影：安田就視

2章 中津川〜塩尻

撮影名所だった第1奈良井川鉄橋を渡る下り貨物列車。下り列車はこの区間は下り勾配のため、煙は吐かない。この区間は複線トンネルが建設され、1978（昭和53）年に新線に切り替えられた。◎贄川〜日出塩　1972（昭和47）年12月2日　撮影：安田就視

1962（昭和37）年の時刻表

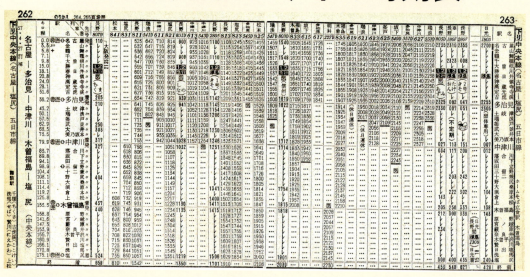

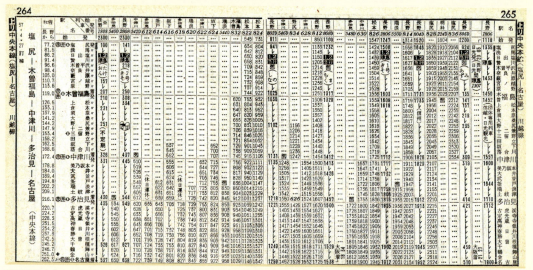

優等列車はディーゼル急行が中心。名古屋〜長野間は昼行「しなの」「信州」、夜行「あずみ」があり、大阪〜長野間は「ちくま」（大阪発夜行、長野発昼行）がある。昼行の所要時間は名古屋〜長野間が概ね4時間30分〜5時間である。準急「きそ」2往復（昼行、夜行）は客車列車で、蒸気機関車（D51）牽引だが、篠ノ井線内はDF50型ディーゼル機関車が牽引することもあった。夜行「きそ2号」は1等寝台と2等寝台の合造車ナロハネ10型を連結した。

欄外の信越・日光観光団体列車は大阪〜名古屋〜長野〜高崎（両毛線）〜小山〜宇都宮〜日光のルート。長野で長時間停車し、その間に善光寺を参拝した。名古屋近郊は非電化で、D51牽引の「汽車」が中心だが、昼は1時間に1本程度で、沿線の宅地化は進んでおらず、庄内川（新守山〜勝川間）を渡ると田畑が広がっていた。

3章
塩尻～長野
（篠ノ井線、信越本線）

駅間距離が長く勾配区間でもある姨捨～稲荷山間には列車交換のための桑ノ原信号場がある。写真の右側は桑ノ原信号場の引き上げ線で、本線をEF64（0番台）牽引の上り貨物列車が行くが、この日はタンク車2両だけだ。背後では長野自動車道の建設工事が始まっている。
◎姨捨～桑ノ原信号場　1990（平成2）年10月27日　撮影：安田就視

3章

塩尻～長野

北アルプスを眺めトンネルを抜けると善光寺平が一望に

「学都」「岳都」「楽都」松本

　塩尻は中央東西線の接点で、JR東日本とJR東海の境界駅だが、駅はJR東日本が管理しているため、同社のコーポレートカラー「緑」がやたらと目立つ。塩尻は中央本線開通時から東線から西線へ直進できる線路配置だった。「本線」を直通する列車を想定したのであろうが、戦後になってからそのような列車はなくなった。一方、名古屋方面から松本、長野方面へは塩尻で進行方向が変わり、客車列車及び貨物列車は機関車の付け替えが必要だった。それを解消するため1982（昭和57）年5月に塩尻駅を松本方に500メートル移動し、西線から松本方面への短絡線が新設され塩尻でのスイッチバックが解消した。東線から西線への連絡線も残された。駅移転後は従来の塩尻駅の跡地には貨物発着線がつくられ会社内では「塩尻大門」と称している。翌1983（昭和58）年7月には中央東線塩嶺トンネル（5994メートル）が開通し、岡谷～塩尻間に新線が開通した。

　塩尻から篠ノ井線に入る。塩尻－松本間は新宿発「あずさ」と名古屋発「しなの」が走り、普通電車もJR東日本、JR東海両社の電車が走る。

　長野県は大きく分けて北信、中信、東信、南信地方に分かれるが、松本は中信地方の中心で長野県第二の都市で、県庁所在地長野への対抗意識が強いとされる。松本城の城下町であり、信州大学をはじめ学校も多く「学都」ともいわれ進取の気性がある。北アルプスを望む「岳都」、音楽も盛んで「楽都」とも呼ばれる。松本から新宿まで225.1km、「あずさ」で2時間30～40分前後に対し、名古屋まで188.1km、「しなの」で2時間10分前後であり、東京の影響が強い長野市に対し、松本は名古屋とのつながりが強いとされていたが、近年はさすがに東京の影響が強くなっているようだ。

　松本を出るとしばらく大糸線と平行し北松本駅が見えるが、篠ノ井線には駅がない。田沢～明科間は複線だが、北アルプスの山々と安曇野が遠望できる。

姨捨から眺める善光寺平

　長野と松本を結ぶ篠ノ井線は難工事の末1902（明治35）年12月に開通した。明治時代、長野県は北部と南部の対立が激しく、南部を「分県」しようとする動きもあり長野の南北戦争といわれたが、篠ノ井線の開通が長野県の一体化に大きく貢献した。

　明科～西条間はトンネルが連続する。この区間はかつては川に沿って急曲線が連続し、25‰急勾配がある難所で災害多発区間だったが、トンネルを3か所建設し（第1～第3白坂トンネル）1988（昭和53）年9月、新線に切り替えられた。新設されたトンネルは複線構造だが単線のままである。西条からは小ぶりな盆地になる。筑北盆地とよばれ、松本盆地と長野盆地の中間に位置している。聖高原は以前は麻績と称したが聖山一帯を聖高原とし観光開発するために1976年に改称された。

　難読駅冠着（標高676メートル、篠ノ井線の最高点）をでてすぐ冠着トンネル（2656メートル）に突入する。このトンネルは長野方面から冠着に向かって一方的な上り勾配（25‰）でSL時代は難所で乗務員の窒息事故も起きていた。トンネルをでると視界が開け、千曲川の流れや善光寺平（長野盆地）を一望できる。長野県歌「信濃の国」（作詞松本洵、作曲北村季晴）はその一番が「信濃の国は十州に　境連なる国にして」で始まり「松本伊那佐久善光寺　四つの平は肥沃の地」と続くが篠ノ井線が急峻な地形を克服して開通し松本と善光寺のふたつの平（盆地）を結びつけたことを実感させる。長野自動車道（中央自動車道長野線）が平行して山を下って行く。

　姨捨（標高547メートル）は勾配の途中にあるスイッチバック駅だが、特急や貨物列車は駅に立ち寄らずに直進する。普通電車（長野方面行）は駅停車後折返し線までバックしてから進む。上り電車（松本方面行）はまず折返し線で停車してからバックして駅に入る。姨捨の駅舎は1934年に建てられた洋館風の建築で、上り（松本方面）ホームには展望台が設けられ案内板もある。田毎の月で知られる棚田や千曲川の流れ、長野方面の善光寺平が一望のもとに眺められ、日本三大車窓のひとつ（他は北海道根室本線狩勝峠、九州肥薩線矢岳越え）とされている。しなの鉄道の駅や線路があるはずだが、遠すぎて見つけることは困難だ。北陸新幹線は背後の山をトンネ

ルで抜けている。

　姨捨から桑ノ原信号所（標高458メートル）を経て稲荷山（標高358メートル）まで山裾の勾配を下る。途中の桑ノ原信号場から姨捨方面を振り返ると、ここで交換した特急が等高線に沿うように徐々に高度をあげてゆくのがわかる。ＳＬ時代、蒸気機関車の汽笛が周囲の山々にこだましていたであろう。篠ノ井線の電化は1973（昭和48）年3月、同年7月には中央西線全線が電化し、特急「しなの」が振子式381系電車となった。急カーブを多い山岳地帯を高速で走り抜けるためには「振子式」の導入は必須であったといえよう。

　平地に降りた篠ノ井でしなの鉄道と合流し、ここからは信越本線となる。北陸新幹線の高架線と平行して長野へ。名古屋から250.8km、中央西線、篠ノ井線の旅は終わる。

【駅データ】

	（所在地）	（キロ程）	（開業年）	（乗車人員）
塩尻駅	長野県塩尻市大門八番町	174.8km（名古屋起点）	1902（明治35）年12月15日	4,215人（2017年）
広丘駅	長野県塩尻市大字広丘野村	178.6km（名古屋起点）	1933（昭和8）年7月10日	2,693人（2017年）
村井駅	長野県松本市村井町南1-36-14	181.6km（名古屋起点）	1902（明治35）年12月15日	1,783人（2017年）
平田駅	長野県松本市平田西	183.6km（名古屋起点）	2007（平成19）年3月18日	1,527人（2017年）
南松本駅	長野県松本市出川町	185.7km（名古屋起点）	1944（昭和19）年9月1日	1,630人（2017年）
松本駅	長野県松本市深志1	188.1km（名古屋起点）	1902（明治35）年6月15日	16,597人（2017年）
田沢駅	長野県安曇野市豊科田沢	196.4km（名古屋起点）	1902（明治35）年6月15日	521人（2017年）
明科駅	長野県安曇野市明科中川手	203.0km（名古屋起点）	1902（明治35）年6月15日	1,053人（2017年）
西条駅	長野県東筑摩郡筑北村西条	212.0km（名古屋起点）	1900（明治33）年11月1日	197人（2016年）
坂北駅	長野県東筑摩郡筑北村坂北	215.7km（名古屋起点）	1927（昭和2）年11月3日	122人（2017年）
聖高原駅	長野県東筑摩郡麻績村漆田	219.8km（名古屋起点）	1900（明治33）11月1日	286人（2017年）
冠着駅	長野県東筑摩郡筑北村坂井	223.1km（名古屋起点）	1945（昭和20）年4月1日	71人（2017年）
姨捨駅	長野県千曲市大字八幡姨捨4947	229.0km（名古屋起点）	1900（明治33）年11月1日	56人（2017年）
稲荷山駅	長野県長野市篠ノ井塩崎	237.7km（名古屋起点）	1900（明治33）年11月1日	362人（2017年）
篠ノ井駅	長野県長野市篠ノ井布施高田	241.5km（名古屋起点）	1888（明治21）年8月15日	9,636人（2017年）
今井駅	長野県長野市川中島町今井296-2	243.6km（名古屋起点）	1997（平成9）年10月1日	1,920人（2017年）
川中島駅	長野県長野市川中島町上氷	245.8km（名古屋起点）	1917（大正6）年7月20日	1,559人（2017年）
安茂里駅	長野県長野市大字安茂里3580	247.9km（名古屋起点）	1985（昭和60）年3月14日	1,079人（2017年）
長野駅	長野県長野市大字栗田1038	250.8km（名古屋起点）	1888（明治21）年5月1日	20,638人（2017年）

塩尻駅は1982（昭和57）年5月に旧駅の松本方500mの場所に移転し、2階に改札、券売機、みどりの窓口など駅施設が設けられた。駅舎の外装は移転当初は赤（エンジ）を基調としていたが、現在は白を基調としている。移転により名古屋方面から松本、長野方面へのスイッチバックが解消した。民営化後はJR東日本が管理している。◎1982（昭和57）年7月31日　撮影：安田就視

3章 塩尻〜長野

塩尻駅に停車中のD50＋D51重連の普通列車。中央西線から篠ノ井線松本方面への普通列車と思われる。左の列車は前年1959（昭和34）年に運転開始したキハ55系ディーゼル急行「しなの」名古屋行きであろう。当時は中央西線から松本、長野方面への列車は塩尻で進行方向が変わった。
◎1960（昭和35）年5月24日　撮影：荻原二郎

1973（昭和48）年の松本駅とその周辺。松本は太平洋戦争の空襲がなく（安曇野の穂高、有明には空襲があった）古い街並みが残っている。駅舎は1948（昭和23）年に建築された木造2階建てで、1978（昭和53）年に橋上駅になり、駅ビルが併設された。駅前通りには松本電鉄浅間線の路面電車が浅間温泉まで走っていたが1964（昭和39）年に廃止された。◎1973（昭和48）年7月　提供：朝日新聞社

3章 塩尻〜長野

中央西線の「しなの」は1959（昭和34）年からディーゼル急行になり、1961（昭和36）年10月からキハ58系になり「しなの」の大型ヘッドマークが取り付けられた。中央西線からの列車は塩尻で進行方向が変わった。画面左側の工場は昭和電工塩尻工場。
◎塩尻　1963（昭和38）年4月　撮影：小川峯生

松本駅西口側には松本電鉄のホームがある。現在の松本駅は橋上化され、西口はアルプス口となっている。
◎1970（昭和45年）11月2日　撮影：荻原二郎

1978(昭和53)年に建て替えられた松本駅正面口(お城口)。駅ビル「セルヴァン」(現・MIDORI)が併設された。駅2階に改札、待合室、みどりの窓口などがある。1階には「松本駅旅行センター」があったが、現在は「びゅープラザ」となって2階に移っている。◎1982(昭和57)年7月31日　撮影：安田就視

篠ノ井駅の木造駅舎は1982(昭和57)年に改築され、さらに1995(平成7)年に改築されて橋上駅となった。その際に東西自由通路もできた。
◎1977(昭和52)年8月10日　撮影：荻原二郎

3章 塩尻〜長野

松本駅構内にある車両基地、松本運転所（現・松本車両センター）。写真の右から構内入換え用クモヤ90、長野色115系、湘南色115系、湘南色165系、救援車マニ50が並ぶ。横須賀線色（いわゆるスカ色）の115系や「あずさ」の183系も見える。隣接する松本駅は1978（昭和53）年に駅ビル（現・MIDORI）になった。◎1990（平成2）年10月2日　撮影：安田就視

381系特急「しなの」の先頭（名古屋寄り）はクハ381である。背景の山は聖山（ひじりやま）で付近は聖高原として観光開発されている。この付近は筑北（ちくほく）盆地とよばれ、松本盆地長野盆地の中間に位置する小ぶりな盆地である。◎西条〜坂北　1985（昭和60）年11月15日　撮影：安田就視

3章 塩尻〜長野

D51重連に牽引された上り準急「きそ1号」。当時、名古屋～長野間の準急は客車列車で「きそ」と名付けられ、昼行、夜行あわせて2往復があった。篠ノ井線内ではDF50型電気式ディーゼル機関車が牽引することもあった。◎麻績（現・聖高原）～冠着　1962年11月　撮影：林　嶢

3章 塩尻〜長野

麻績に到着のD51牽引の普通列車。単線区間でタブレット（通行票）受け取りのため機関助士が左手をだしている。篠ノ井線のD51はトンネルと急勾配に備え、兜（かぶと）を連想させる集煙装置を装備し、いかめしい顔つきだった。◎麻績（現・聖高原）　1962（昭和37）年11月

大型ヘッドマークをつけたキハ58系ディーゼル急行「しなの」、このヘッドマークは1960年代後半になると使われなくなった。背後の山をトンネルで抜けると姨捨の絶景が広がる。◎麻績（現・聖高原）〜冠着　1962（昭和37）年11月　撮影：林　嶢

冠着〜姨捨間の冠着トンネルを出ると善光寺平(長野盆地)が眼下に広がる。スイッチバック駅の姨捨を通り、山裾を大きなカーブを描きながら徐々に高度を上げて行く。姨捨〜桑ノ原信号場(姨捨〜稲荷山間にある)間を行く特急「しなの」。ここは蒸気機関車時代の難所で、機関車はあえぐようにゆっくりと登った。◎姨捨〜桑ノ原信号場 1980(昭和55)年2月7日 撮影:安田就視

3章　塩尻〜長野

3章 塩尻〜長野

姨捨からの善光寺平の眺めは日本三大車窓のひとつに数えられる。姨捨付近の山の中腹から眺めた日本三大車窓を行く381系特急しなの。画面中央に広がる棚田は「田毎の月」として有名。千曲川が流れ、背後の市街地には信越本線（現・しなの鉄道）が通っているが、遠すぎて駅も線路も見ることは困難である。◎姨捨〜桑ノ原信号場 1980（昭和55）年2月7日　撮影：安田就視

善光寺の門前町長野の玄関口にふさわしく、1936（昭和11）年に仏閣型駅舎が竣工し、以降約60年にわたり長野市の「顔」として市民や観光客に親しまれてきた。1994（平成6）年、北陸（長野）新幹線乗入れ工事のため取り壊され、1996（平成8）年に橋上化された新駅舎が竣工したが、今でも仏閣型駅舎の「復元」を望む声は少なくない。◎1967（昭和42）年5月27日　撮影：荻原二郎

クロ383を先頭にした383系特急「しなの」。長野寄り先頭はグリーン車で前面展望が楽しめる。姨捨は、特急など通過列車は駅に立ち寄らずに直進する。◎姨捨付近　2014(平成26)年6月　撮影：山田 亮

「しなの」の名古屋方はクモハ383だが、貫通ドアがある。編成は6両が基本（原則として長野方がグリーン車）だが10両まで増結される。姨捨に向かって急勾配を高速で登ってくる。◎姨捨付近　2014（平成26）年6月　撮影：山田 亮

現在の長野駅。1996（平成8）年に橋上化されたが、デザイン的には不評でその後改装され、柱を設け「和風」となった。以前の善光寺を模した仏閣型駅舎の「復活」を望む声も少なくない。◎2015（平成27）年10月　撮影：山田 亮

山田 亮（やまだ あきら）

1953（昭和28）年生、慶応義塾大学法学部卒、慶応義塾大学鉄道研究会OB、鉄研三田会会員、
神奈川県庁勤務（2019年に退職）、鉄道研究家で特に鉄道と社会の関わりに関心を持つ。
1981（昭和56）年「日中鉄道友好訪中団」（竹島紀元団長）に参加し、北京および中国東北地区（旧満州）を訪問。1982年、フランス、スイス、西ドイツ（当時）を「ユーレイルパス」で鉄道旅行。車窓から見た東西ドイツの国境に強い衝撃をうける。2001年、三岐鉄道（三重県）70周年記念コンクール「ルポ（訪問記）部門」で最優秀賞を受賞。現在、日本国内および海外の鉄道乗り歩きを行う一方で、「鉄道ピクトリアル」などの鉄道情報誌に鉄道史や列車運転史の研究成果を発表している。

（主な著書）
『相模鉄道、街と駅の一世紀』（2014、彩流社）
『上野発の夜行列車・名列車、駅と列車のものがたり』
（2015、JTBパブリッシング）
『JR中央線・青梅線・五日市線各駅停車』（2016、洋泉社）
『南武線、鶴見線、青梅線、五日市線、1950～1980年代の記録』
（2017、アルファベーターブックス）
『常磐線、街と鉄道、名列車の歴史探訪』（2017、フォトパブリッシング）
『1960～70年代、空から見た九州の街と鉄道駅』
（2018、アルファベーターブックス）

（主な参考文献）
『各駅停車全国歴史散歩』（愛知県、岐阜県、長野県）
（1979～82、河出書房新社）
「木曽森林鉄道」（1975、プレスアイゼンバーン）

鉄筋5階建（一部6階）の旧名古屋駅。1937（昭和12）年から1994（平成6）年まで半世紀以上にわたり市民に親しまれ、正面の大時計がシンボルだった。東西自由通路など現在にも通用する斬新な設計で、建設時は駅から名古屋城が眺められた。◎1993（平成5）年11月　撮影：山田亮

【写真撮影】
小川峯生、江本廣一、荻原二郎、清水 武、高野浩一、田中義人、寺澤秀樹、長渡 朗、
野口昭雄、林 嶢、安田就視、山田 亮、RGG（荒川好夫、高木英二）、朝日新聞社

中央西線
1960年代～90年代の思い出アルバム

発行日……………2019年2月5日　第1刷　　※定価はカバーに表示してあります。

著者………………山田 亮
発行者……………春日俊一
発行所……………株式会社アルファベータブックス
　　　　　　　　〒102-0072　東京都千代田区飯田橋 2-14-5　定谷ビル
　　　　　　　　TEL. 03-3239-1850　FAX.03-3239-1851
　　　　　　　　http://ab-books.hondana.jp/

編集協力…………株式会社フォト・パブリッシング
デザイン・DTP………柏倉栄治
印刷・製本………モリモト印刷株式会社

ISBN978-4-86598-845-1 C0026
なお、無断でのコピー・スキャン・デジタル化等の複製は著作権法上での例外を除き、著作権法違反となります。